タカコ・半沢・メロジー

お気楽！
イタリアンレシピ100

グルメ文庫

角川春樹事務所

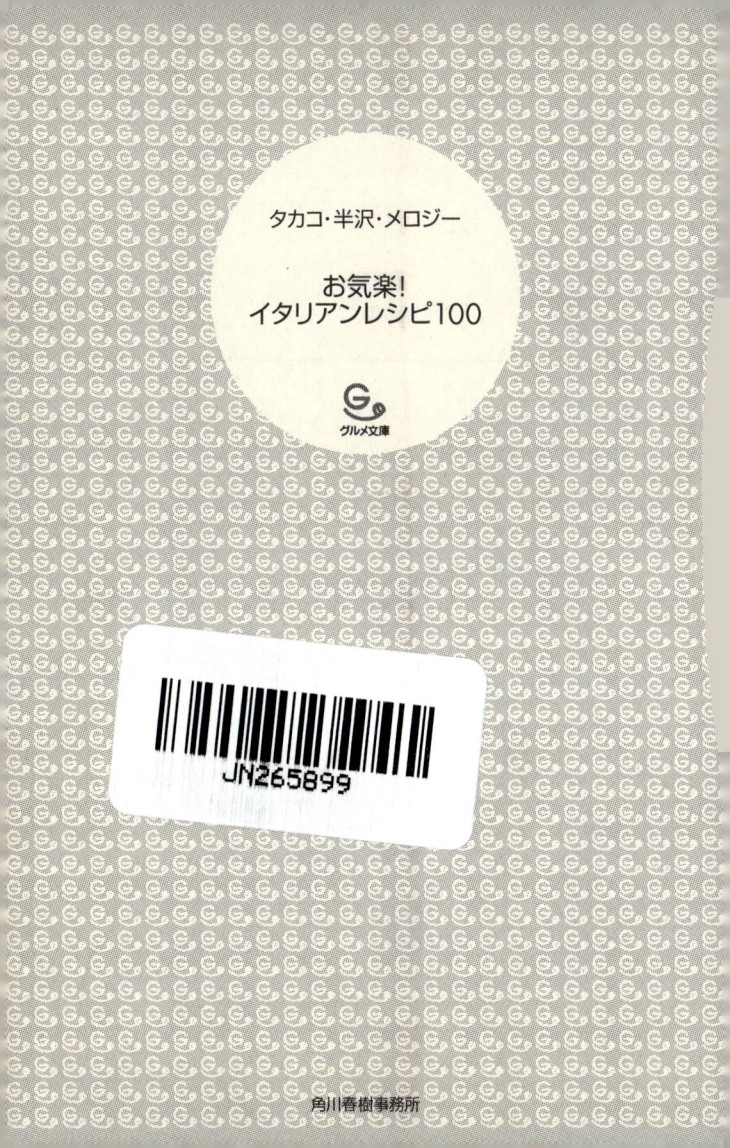

はじめに

ヨーロッパ生活最初の国はフランスでした。美食で名高い国なのに、どうも心躍るワクワク感が生じない毎日の調理。小さい頃から料理好きの私なのになぜ？　とても不可解でなりませんでした。

すぐにわかったのが、「飽きのくるフランス料理が多い」ということ。住む国のレシピを大切にしたいと考えていたため、当初はフレンチを中心に作っていたのです。バターやワインを使っての調理が主ゆえ、濃厚なおいしさであることは事実。けれども胃にヘヴィだし、食材そのもののお味が二の次になりがち。なによりも、作って「楽しい！」食べて「幸せ！」とならないのが不満でした。

ところが、イタリアに住み始めたとたん、調理中のときめき、至福の食感が押し寄せてくるではありませんか。

忘れもしない、第一日目。作ったのは、トマトソースのパスタでした。市販のトマトピューレに、オリーブオイルとニンニクを入れて煮込んだだけの手抜きふう一品。それでも、「イタリアで暮らすことになってよかった！」の満足感があふれたものでした。

やがて、最も愛食することになるレシピを知った私。それが、家庭で作る定番トマトソースです。

伝授してくれたのは、この国のマンマ。トマト缶を汁ごとドバッと鍋《なべ》にあけ、木ベラにてブチョブチョつぶす。そこに、オリーブオイルとニンニクの粗スライス、バジルの葉の手ちぎりを加えました。二十分くらい煮込んでオシマイ。

エッ、エッ？ なんなの？ これでいいわけ？ あまりにも簡単な調理に、ある種の衝撃さえ受けたものです。

さらなる驚きが、「お、お、おいしいっ！ レストランで口にするよりずっとイケる」。茹《ゆ》でたてのパスタにかけたそのトマトソースは、今まで口にしたなかで最も心に残る一品となったのでした。

トマトソースといったら、玉ネギをみじん切りにして炒《いた》めてから作り始める、という先入観ばかりあった私。でも、それは、真の家庭のレシピではなかったのです。言いかえれば、食材そのものをより生かすレシピでもなかった、というわけです。

ことほどさように、シンプル、かつ簡単なレシピほど幸せの味がするイタリア料理。この国で生活を続け、じょじょによくわかるようになりました。

「でもね、タカコさん」

ある日本のかたより、こんな質問を受けました。

――タカコさんの料理本で、何点かのイタリアンを作ってみたんです。もちろん定番のトマトソースも。ところが、どうも「すっごくおいしい」とはならない。なぜでしょう？

ハハーン、ひょっとして……と、すぐ思いあたった私。次の問いかけをしたものです。

――オリーブオイルで作りました？ しかも、エキストラ・ヴァージンのオリーブオイルだったかしら？

――いいえ、サラダオイルを使いました。手もとになかったから……。

――で、パスタは？　大きな鍋に、タップリの水を入れ、沸騰したところに良質の天然塩を加えました？

――……。いえ……。小さな鍋だった。塩も、ごく普通の食塩だったし……。

やっぱり！　私の想像大当たり。最も手軽に作れるイタリアの家庭料理ながら、食材への「手抜き」は許されません。ことに、風味の高いエキストラ・ヴァージンのオリーブオイルは必需。これさえあれば、イタリアンのお味仕上げへの成功は約束されたも同然です。その他の食材――たとえば、野菜や魚肉なども、旬《しゅん》のもの、新鮮なものを使って調理するほど失敗しないのがイタリア料理です。「失敗なし」ということは、人生への自信、喜びにも通じる、と信じる私。だからこそ、この国での生活にも飽きがこないのだと感じます。

拙ホームページにて紹介し続けてきたレシピが、もう百を越えました。「レシピ」と呼べるほどのプロセスなどなしに等しいメニューばかりです。でも、「読んでおいしい」のみではない、と主張したいのも確か。作っても、食べても幸せになれるレシピの数々にお誘いしたく、一冊にまとめてもらいました。

まずは、読んで楽しみ、次にキッチンへ向かっていただきたい。そう願っています。

二〇〇五年二月吉日　　著者

＊本文イラスト　阪口笑子

サラダ

新鮮な野菜をタップリ使ってのヘルシー指向レシピが昨今の人気となっているのはイタリアとても同じです。特に、都会でのランチタイムでは、ピアットウニコ（一皿の料理）ともされるリッチなサラダが好評。ミラノのオフィス街にあるレストランやトラットリアでも、キャリア派の男女の定番メニューにもなっています。

ラットゥガと呼ばれるサラダ菜に、トマトやカラフルなピーマンを配し、モッツァレッラ、ツナ、卵、アンチョビ、オリーブの実などを加えた一皿なら、栄養も豊富。グラス一杯のワイン、そしてパンと共に頬《ほお》ばるミラネーゼなどをよく目にします。

これに、ドルチェとエスプレッソで、都会的なランチタイムの締めくくり。なんともお洒落《しゃれ》なムードさえ漂うひとときです。

かつては、魚介類料理のコントルノ（つけあわせ野菜）とされていたインサラータ（サラダ）。ところが、昨今はすっかりステータスアップ。一品のみでもブランチやランチの主役となるレシピが増えてきました。

家庭でもまた然《しか》り。ヘヴィな食事が続いた時、あるいは、ダイエットに挑戦したい人のメニューとしての登場が増えたイタリアです。こんなぐあい。

――パスクア（復活祭）の御馳走《ごちそう》で胃が重い。なにか軽めの食事にしたいものだ。サラダにしよう。生ハムやモッツァレッラも加えた大盛りがいいね。

うれしいことに、作りおきも可能なのがサラダです。来客、ホームパーティ用の前菜、あるいはコントルノとして、あらかじめ準備しておけます。サラダの一品が加われば、食事ムードの華やかさが演出できようというものです。

イタリアンのサラダのドレッシングは、オリーブオイルとヴィネガーがメイン。塩、コショーを適宜に使用しての調味となります。この時のオリーブオイルは、必ず、エキストラ・ヴァージンと主張するイタリア人がほとんど。健康に好ましいのみならず、風味も抜群。新鮮なサラダ料理の魅力をよりひきたててくれるからです。

ネガーをレモン汁に変えてもヘルシー。さわやかテーストがより増します。

その他のおすすめドレッシングをいくつか記しておきましょう。

作り方

- マスタードをサラダオイルで溶き混ぜ、塩、コショーで調味。タイムやミント、その他好みのドライハーブも少々入れる。

- トマトジュースにレモン汁を入れ、塩、コショー、ドライオレガノも加えて混ぜる。

- シュガー抜きのヨーグルトに少々の唐辛子、塩、みじん切りのパセリを入れる。

もちろん、マヨネーズでいただくのもおいしいけれど、たまには何種かのドレッシングを用意するのもオシャレ。御馳走ムードのリッチなサラダに変身します。

余談ながら、マヨネーズには少々のケチャップを加えることもある私。ピンク色がかった美しくもテースティなドレッシングになります。お子さんにもよろこばれるのではないでしょうか。よく練り混ぜること、そして、少量のケチャップ使用がポイントです。

サラダ

夏のイタリアが誇る ミックス野菜メニュー

生野菜のスティック（ピンツィモニオ）

夏になると、けだるい暑さのイタリア。なにしろ、クーラー抜きの家庭がほとんどゆえ、調理は限られることもあります。つまり、なるべく火を使わない、となるんですね。

より頻繁にテーブルへ登場するのが生ハムやサラミのたぐい。冷やしたメロンを添えていただきます。これに、オリーブの実、各種のピクルスがあれば、けっこうなメニュー。通常はアンティパスタ（前菜）ながら、盛夏には、メインの皿としても利用されます。

加えて、新鮮な生野菜もあればなおよろしい。イタリアの誇るミックス野菜メニュー、ピンツィモニオが理想です。各種のフレッシュベジタブルを大雑把にカット。ドレッシングにつけながらつまむ料理。スティック状にカットして、手で食べる楽しさがなんともいえません。

どんな野菜がいいのか、ですって？　もう、もう、なんでもオーケー。特別な指定などまったくなし。セロリ、人参《にんじん》、キュウリ、ピーマンなどが棒状に切りやすいでしょう。プチトマトやラディッシュなどは、丸ごと添えるといいですね。色あいも鮮やかとなります。

さて、ドレッシング。イタリアでは、オリーブオイルにヴィネガー、塩、コショーを加えたものが定番です。ヴィ

作り方

① ピーマンをごく粗い千切りにする。

② お米をやや硬めに炊く。

③ 炊き上がったご飯に、ピーマン、ほぐしたツナ、手ちぎりした生バジルの葉、イタリアンパセリを加える。

④ オリーブオイル、塩、コショーを入れ、サッと混ぜあわせる。

ピーマンをトマトにかえたり、缶詰のコーンをプラスしてもいいでしょう。なるべく、カラフルに仕上げてください。食欲が増すだけでなく、お子さんからお年寄りまでによろこばれるヘルシーなライスサラダとなります。

サラダ　一品のみで、お腹満足！

ツナとピーマンのライスサラダ

毎年、夏の定番メニューのひとつにライスサラダがあります。やや硬めに炊き上げたご飯に、トマトやキュウリ、人参、セロリ、缶詰のコーンやツナを入れてドレッシングあえにしたレシピです。

サラダとはいっても、このボリューム。栄養のバランスもいいため、大盛一杯も食べればお腹《なか》は満足。一品のみでの食事としても最適です。

いつも、いつも、食材たっぷりのライスサラダばかり作っていた私。けれどもある日、もっとシンプルなレシピを教わり、けっこうハマっているところ。野菜いっぱいのメニューもいいけれど、こんなミニマムなお味もまたオツ。シンプルなぶん、各食材のお味がより楽しめるのが魅力。忙しいときの一品としてもいいでしょう。

材料4人分

・お米……200g
・赤ピーマン……中2個
・ツナ缶……小2個
・生バジルの葉……8枚
・イタリアンパセリ（みじん切り）……大さじ1
・オリーブオイル……大さじ5
・塩、コショー……適宜

作り方

① 各野菜をよく洗う。

② 人参は皮をむき、約5㎜に輪切り。カリフラワーとブロッコリーは小株分けにする。

③ たっぷりめの熱湯に塩を入れ、各野菜を入れて15分茹《ゆ》でる。

④ オリーブオイルにレモン汁、塩、コショーを入れて混ぜあわせ、ドレッシングを作る。

⑤ 茹で上がった野菜の水分を切り、熱いうちにドレッシングをかける。

赤、白、緑の野菜がカラフルなこの一品。大皿に盛り、テーブルに登場させると華やかです。肉や魚のつけあわせとして好適なのはもちろんのこと、前菜、ダイエット用の主食としてもいいでしょう。

ブロッコリーの色あいは落ちるものの、スチーム仕上げに調理することも多い我が家です。熱湯で茹でるよりも時間を要するのが難。けれども、ビタミンの破壊はより少ない、と聞いています。わざと硬めにして「生」と「温」野菜の中間味を楽しむこともしばしば。カロリーはアップしても、マヨネーズ添えもなかなかのお味となります。

この温野菜サラダを多めに作り、翌日、グラタンふうにするのも一興。溶けるチーズを加え、オーブンで焼き上げます。我が家はもっぱらモッツァレッラとパルミジャーノ派。焦げ目をつけて仕上げています。

サラダ　ヘルシーで身体も
きれいに温野菜！

温野菜サラダ
(ベルドゥーレ カルデェ イン インサラータ)

ベルドゥーレ　カルデェとは「温野菜」のことです。今回はフレッシュなサラダとは趣を変えた一品にしてみました。生野菜と異なり、タップリの量をとれるのが大きなプラス面。ヘルシーながら、ビタミンが豊富に得られるメニューです。ひとり約130カロリー、というのもうれしいですよね。

材料４人分

・カリフラワー……………………………………400g
・ブロッコリー……………………………………400g
・人参…………………………………………………中２本
・レモン汁……………………………………大さじ１
・オリーブオイル……………………………………30ml
・塩、コショー……………………………………適宜

・玉ネギ……………………………………………………半個
・ドレッシング
　卵……………………………………………………1個
　マスタード・赤ワインヴィネガー・レモン汁……各小さじ2
　オリーブオイル………………………………………80ml
　塩……………………………………………………少々
・パセリのみじん切り……………………………小さじ2

作り方

① 皮をむいて一口大にカットしたジャガイモをブイヨンで茹《ゆ》でる。歯ごたえのある硬さに仕上げるのがポテトサラダ作りのポイント。
② 茹で上がったジャガイモを冷水にさらし、すぐ水気を切る。
③ セロリを3mmぐらいの小口切りにする。
④ ドレッシング用の材料すべてをミキサーにかける。泡立て器の利用でもいい。
⑤ すべてを混ぜあわせた後、パセリのみじん切りをふりかける。

赤ワインヴィネガーを使って作るのが理想的ですが、他のヴィネガーでもけっこう。うーんとイタリアンしたいなら、バルサミコ酢にされてはいかがでしょう。かなりのウルサイお味に仕上がります。どちらかというと、大人に好評なサラダです。子ども向けにしたいなら、酢やマスタードをひかえめにしてください。そのかわりとして、調理用生クリームを加えてのドレッシングにすることをすすめます。円《まろ》やかなテーストとなり、万人好みとなりますよ。

サラダ

ドレッシングに凝った大人のサラダ！

ポテト サラダ（インサラータ ディ パターテ）

日本にいたころは、ジャガイモよりサツマイモのほうがはるかに好きだった私。肉じゃがはともかく、他の料理は敬遠しがちでした。それが、ヨーロッパ暮らしとなったとたんに急変。「ジャガイモって、こーんなにおいしいものだったの〜お」となりました。なぜなのか、理由は不明です。ごく単純に、日本のジャガイモより味わいが深い気がしてなりません。こちらにはサツマイモがないから、という事実も関与しているのでしょうけど。

最も愛食しているのが「ジャガイモのオーブン焼き」。大きめに角切りしたジャガイモにオリーブオイルをかけ、塩をふります。ローズマリーの小枝とセージの葉、ニンニクの小片も添えて焼きあげるだけ。こーんがり色づいた香ばしさが、どんなゴーカ料理よりもさらに美味。これさえあれば、他にはなにもいらないくらいです。

いくらなんでも、レシピはなし。よって、もうひとつのジャガイモの添えものを紹介いたしましょう。ドレッシングに凝ったポテトサラダです。

材料４人分

- ジャガイモ……500g
- ブイヨン……1000ml
- セロリ……1本

作り方

① やや半熟ぎみに卵を茹でる。

② サラダ菜を洗って、水気を切った後、手ちぎりする。

③ プチトマトを半分にカットする。

④ ボールに②と③、殻をむいて半分に切った茹で卵を入れる。

⑤ オリーブオイル、バルサミコ酢、塩、コショーを加え、サッと混ぜあわせる。

各自の皿にとりわけ、パンをそえれば、軽食にピッタリ！もう少しボリュームを加えたいなら、生ハム、あるいはモッツァレッラのどちらかをおすすめ。特に、生ハムがよくあいます。

ポイントは、最低２～３種のサラダ菜にすること。ちょっぴりピリカラで香ばしさタップリのルッコラはぜひ欲しい食材です。

バルサミコ酢がなければ、ヴィネガーでもけっこう。レモン汁もよくあうので、いろいろトライしてみてください。

サラダ

リッチなサラダ、ブランチに最適！

卵のサラダ
（インサラータ アッレ ウォーヴァ）

「ピアット　ウニコ」という料理語があります。直訳すると「唯一の皿」。つまり、一皿で１食分となるメニューのことです。ブランチ、あるいは都会のビジネスマンやオフィスレディの昼食としても大人気。今や、家庭のテーブルに登場することだって少なくありません。

ここで紹介のピアット　ウニコは、「インサラトーネ」。大きなサラダ、つまり、リッチなサラダです。モッツァレッラをはじめとするチーズ、生ハム、海の幸入り……などなど、実にさまざまなレシピあり。今回は、茹で卵入りのサラダにしてみました。

材料４人分

- ミックスサラダ（サラダ菜、ルッコラ、チコリ、サニーレタス、その他適宜）……250g
- 卵……4個
- プチトマト……12個
- オリーブオイル……大さじ4
- バルサミコ酢……大さじ1
- 塩、コショー……適宜

③ ハム、またはベーコンを1cm角にカットする。

④ オリーブオイル、ヴィネガー、塩、コショーをあわせてよく混ぜ、ドレッシングを作る。

⑤ バゲットを1cmの輪切りにして、オーブンで薄い焦げめをつける。

⑥ 大皿の外側に⑤のパンを並べる。

⑦ 皿の空間に、手ちぎりしたサラダ菜を置く。

⑧ ハム、あるいはベーコン、そぼろにした茹で卵をあわせて、サラダ菜の上に置く。

⑨ ドレッシングを均等にかけていただく。

　さらに華やかな色彩にしたかったら、プチトマトを加えるといいでしょう。ボリュームも増やしたいときは、モッツァレッラやツナ、アンチョビなどを仲間入りさせるとゴージャス。この一品で、充分な御馳走になります。

　ポイントは、やはりドレッシング。フレンチな味に仕上げたければ、マスタード、レモン汁、サラダオイル、塩、コショーで作ります。同じ食材のサラダでも、ドレッシングが異なると、お味もチェンジ。ゴマ油や梅酢などを入れた和風ドレッシングでの一品にしてもいいかもしれません。

サラダ　週末の優雅なブランチに最適！

カナッペつきサラダ
（インサラータ コン クロスティーニ）

週末のブランチによし、あるいは、来客用の前菜としてもいいカナッペつきのサラダです。ここにあげるレシピは、あくまでも一例。各自の工夫しだいでさまざまなバリエーションが楽しめる一品となります。

材料４人分

- サラダ菜……………………………中１個
- バゲット……………………………１本
- ハムかベーコンのかたまり………100g
- 卵……………………………………２個
- オリーブオイル……………………40ml
- ヴィネガー…………………………20ml
- 塩、コショー………………………適宜

作り方

① 卵を茹《ゆ》でる。

② サラダ菜を冷水につけ、パリッとさせてから水気を切る。

作り方

① できれば、ブーケガルニー（ハーブをあわせた小枝）、辛口ワインを少々加えた熱湯で魚介類を塩茹でする。生のハーブがない場合は、ローズマリーやセージ、ローリエなどのドライもので代用してもオーケー。

② トマトを1cm強の角切りにする。

③ 他のすべての材量を加え、サッと混ぜあわせる。

なんとなく南伊、あるいはヴェネツィアを旅してる気分になりそうな料理でございましょ。前菜のみならず、メインのディッシュとしたって通用しそう。ライスサラダ用にしてもいいかもしれません。海老をイカにしてもけっこう。タコだっていいでしょう。トマトが入るので、カラーリングに不足は生じません。バジルはドライで代用となっても、イタリアンパセリはぜひフレッシュを！　お味がグーンとひきたちます。

オリーブオイルがいちばんピッタリのサラダではあるものの、マヨネーズやヨーグルトにしてもそれなりに美味。レモンがなかったら、ヴィネガーを使ってもかまいません。

黒やグリーンのオリーブの実、ケッパーを加えてみてもいいでしょう。やたらと簡単なレシピだけに、プラスアルファの工夫も自由自在。お刺身を加え、日伊の食材ミックスのインターナショナル前菜に仕上げても楽しそうです。白ワインのみならず、日本酒ともよくあう料理となるでしょう。

サラダ

ちょっとよそゆき、
おしゃれなサラダ

魚のサラダ（インサラータ ディ ペッシエ）

ちょっとしたパーティ、接客用の前菜としておすすめのおしゃれなサラダ、お教えしましょう。いかにもイタリアンの簡単さ。それなのに、地中海のムード&テーストでいっぱいです。

材料４人分

- 白身の魚……400g
- 小海老《こえび》……100g
- トマト……大１個
- バジルとイタリアンパセリのみじん切り……各大さじ１
- レモン汁……半個分
- オリーブオイル……大さじ２
- 塩……適宜

作り方

① サラダ菜を水で洗い、水分をよく切ってから、適宜にちぎる。

② オレンジのうす皮をむいて、実だけにする。クルミは粗めにくだく。

③ ドレッシングを作る。レモン汁、オレンジの汁、生クリームをよく泡立てる。塩、コショーも加え、サッとあわせて仕上げる。

④ サラダ菜にオレンジの実を加え、軽くまぜる。その上に、③のドレッシングをかける。

⑤ 粗くだきしたクルミを均等にのせる。

グリーン、オレンジ、白……なんともエレガントな色あいのサラダでございます。来客用、あるいは、ホームパーティでの一品に仲間入りさせてはいかがでしょうか。
クルミがなかったら、アーモンドスライスもおすすめ。あるいはピスタッチオもおしゃれですね。「なおさら入手しにくい」、ですって？　失礼いたしました。要は、どんなナッツでもよくあうサラダ、ということ。ピーナッツだってかまいません。
生クリームが苦手なら、ヨーグルトにしてみましょう。さらにヘルシーなサラダになります。

サラダ

色あいエレガントな エキゾチック仕立て

オレンジのサラダ
(インサラータ ディ アランチェ)

オレンジがよりおいしいのは冬期です。シチリア島の無農薬オレンジのみずみずしさといったら！ 2年前に訪れたとき、現地のおじいさんからドサッといただいたことを思い出したりしています。

日本なら、ミカン類での代用も好適。オレンジのかわりに大きめのミカンで作ってみるのもいいでしょう。

材料4人分

- レタス、その他好みのサラダ菜 ……………… 4人分
- オレンジ ……………………………………… 3個
- クルミ ………………………………………… 50g
- レモン汁 ……………………………………… 大さじ1
- オレンジの汁 ………………………………… 大さじ2
- 生クリーム …………………………………… 大さじ2
- 塩、コショー ………………………………… 適宜

前菜

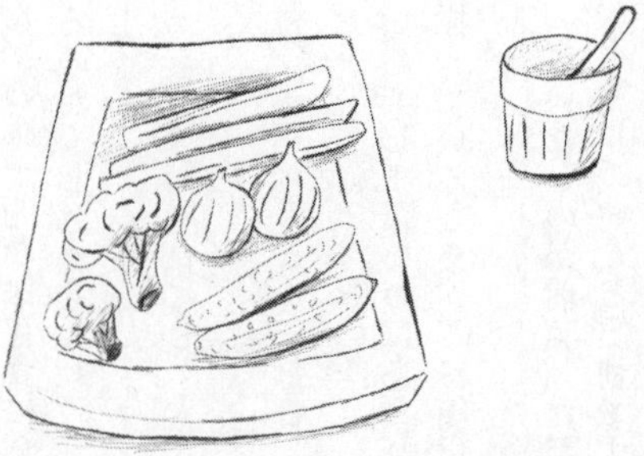

「イタリアンの醍醐味《だいごみ》はアンティパスタ（前菜）にあり」

そう主張する人たちが少なくありません。特に、イタリアを訪れた旅行客ならなおさら。トラットリアなどで何十種類も並ぶ前菜を目にしたら、誰しもがときめきを感じることでしょう。

野菜を基調にした家庭料理風レシピが多いため、素朴なテーストを楽しめるのも大きな魅力です。いわば「おばあちゃんの味」「マンマ（お母さん）の味」的な保存食にあふれているから。懐かしさもまた、食欲を刺激する味付けとなるのかもしれませんね。

最も有名なイタリアの前菜メニューは、メロンを添えた生ハム。よく冷えたメロンのほどよい甘さと、ソルティな生ハムの滋味豊かさがみごとにマッチ。何度口にしても、決して飽きのこない前菜となっています。

家庭でもよく食卓に登場するこの前菜。シーズン時の盛夏には、「ほとんど毎日！」などとしているファミリーすらあるほどです。

せっかく、他にも豊富な前菜メニューがあるのに、いろいろ楽しまないのはあまりにも惜しい。各地方、各家庭に古くから伝わるレシピが豊富に揃《そろ》っているうえ、ごく簡単に作れるものばかりだからです。

フルコースの食事でもない限り、必需なメニューともなっていないのが前菜。ただし、「酒の肴《さかな》」、「ちょっとしたつまみ」の意味あいもあるため、用意しておくと便利です。イタリアでは、食事の始まる前、アペリティフ（食前酒）と共に、立ち食いモードで口に運ぶこともよくあります。

よって、わざわざ調理しなくても成立する前菜もけっこう存在します。パルミジャーノの砕いたのを皿に盛っただけ、などというのがいい例でしょう。最近は、年代物のバルサミコにつけながらいただく、というのも人気を呼んでいます。ここに紹介のごとく、洋梨やナッツ類を添えてもいいでしょう。

サラダと同様に、いえ、それ以上に、作りおきが効く前菜です。毎日の食事へのメリハリを出すためにも、ちょっとした品々の保存食化をおすすめ。イタリア料理らしさがより増すことまちがいなしです。

・ベイリーブス ……………………………………………3～4枚
・オリーブオイル …………………………………………大さじ4
・白コショー …………………………………………………小さじ1
・塩 ……………………………………………………………小さじ1

作り方

① ヴィネガー、ワイン、塩、コショー、ベイリーブスを鍋《なべ》に入れて煮立てる。

② 一口大にカットした各野菜を5分間茹《ゆ》でる。

③ ①が冷めたら、水切りした②を入れる。

④ オリーブオイルも加えて混ぜる。

⑤ 密封瓶に入れる。

　これがごくベーシックな野菜の保存食です。赤や黄色のピーマンを加えるとさらにカラフル。ビタミンも豊富なピクルスとなるでしょう。つけあわせの野菜として出すのはもちろんのこと、前菜にも好適。私はよく、サラダ風リゾットの具としても利用します。細かくきざみ、ごはんに混ぜあわせるのです。
　このピクルス、正しい保存法なら、1か月は充分にもちます。常時作ってキープしておくと便利でしょう。

前菜　旬の野菜ふんだん利用の保存食

季節のピクルス
（ジャルディニエラ ディ スタジョーネ）

　イタリア語は愉快です。ジャルディニエラには、実にさまざまな訳あり。(1)女性園芸家、女性庭師　(2)装飾用植木鉢、花台　(3)オープンカー　(4)酢漬けの野菜、ピクルス　(5)野菜いりスープ、などの他、マエストラ（先生）を前につけると、「保母」の意味となります。

　ここでは、(4)のピクルスを紹介しましょう。イタリアが誇る保存食の一種としても有名。各食品メーカーより、Giardiniera のネーミングつき商品がたくさん市販されているほどです。

　季節のピクルスなので、旬《しゅん》の野菜で楽しめるのが魅力。今回は、四季を通じての入手が可能な食材を例にとってのレシピにしてみました。あくまでも一例としてごらんください。

材料

- 人参《にんじん》……100g
- 小玉ネギ……100g
- カリフラワー……100g
- セロリ……100g
- 白ワインヴィネガー……750ml
- 辛口白ワイン……150ml

作り方

① オリーブの実を洗い、よく乾かす。

② ニンニクをつぶす。唐辛子は粗く手ちぎりにしておく。

③ 容器に、オリーブの実、ニンニク、唐辛子、塩を入れ、オリーブオイルを加える。

④ ③にドライオレガノを指ですりあわせながら入れる。ローズマリーは適宜に切って加える。

⑤ すべてを混ぜあわせ、最低2時間おく。

他の前菜もいっしょの時は、4～5人分の分量ともなるこのレシピ。密封容器に入れ、冷蔵庫で保存するなら、数日間のキープが可能です。

シチリアに限らず、南伊では、ミントの葉を加えることもあるオリーブオイル漬け。ほんの1～2枚入れただけで、たちどころに地中海テーストの前菜となります。肉、あるいは魚料理のつけあわせとしても好適な一品といえるでしょう。

前菜　滋味豊かな地中海のテースト！

シチリア風オリーブの実

近ごろでは、多くのイタリア食材が購入可能の日本です。何年か前なら、小さなスーパーではオリーブオイルすら売られていなかったのに……。昨今は、実家近くのローカルなスーパーだって、常に2～3のメーカーによるイタリア直輸入オイルが置かれています。

オリーブの実はどうでしょう。前回帰国時に調べたところ、ありました！　黒、緑、種つき、種なしと揃《そろ》っていてビックリしたものです。今回はグリーンオリーブによるシチリア風の滋味豊かな前菜を紹介いたしましょう。

材料2人分

- グリーンオリーブ（種なし）……100g
- ドライオレガノ……小さじ1
- ローズマリー……1枝
  （なければドライ製を使用　小さじ1）
- 唐辛子……小1本
- オリーブオイル……大さじ2
- ニンニク……2片
- 塩……小さじ1

作り方

① 長ネギの緑の部分を除き、ハムの直径より少々長めにカット。その後細く切る。

② ブイヨン、オリーブオイル、塩を入れた鍋に長ネギを入れ、弱火で10分煮る。

③ 各ハムに②のネギを均等に乗せ、1枚ずつ巻く。つま楊子などで留めてもよい。

④ 耐熱皿に③を置き、粉チーズをふる。

⑤ バターを小分けして散らし、180度のオーブンで15分間焼く。

粉チーズは、パルミジャーノやペコリーノ、グラーナなどが好適ながら、他の代用も可。溶けるチーズを小さくカットしてのせてもかまいません。また、ネギを、ナスやピーマン、ズッキーニ、その他の野菜にかえてもよし。何種類か作れば、来客用のオードブルともなるでしょう。

もちろん、「チン！」で作ることもできるこのメニュー。5分くらいで仕上がるのではないでしょうか。

お弁当のおかずとしてもよろこばれそうな一品。ぜひ試してみてください。

前菜 ハムとチーズでスピーディな仕上げ

ハムのネギ巻き

生ハムの国です。日本の比ではないお安さで購入できます。ピンからキリまでの品質はあるものの、100グラム平均400円ぐらい、というところでしょうか。バブリーなころの日本なら、生ハム１枚のお値段かもしれませんね。

100グラムだと、けっこうな枚数を入れてもらえる生ハム。よって、生のみではなく、パスタの具、あるいは、野菜巻き、その他の加熱調理用としても使われます。ここで紹介するのもしかり。ですが、日本なら、生でないハムの利用で充分。ごくごく手軽にできる一品となります。

材料４人分

- ハム……8枚
- 長ネギ……細めを4本
- 粉チーズ……大さじ5
- バター……50g
- ブイヨン……大さじ3
- オリーブオイル……大さじ1
- 塩……少々

作り方

① パルミジャーノやモッツァレッラ、ゴルゴンゾーラ、カマンベール、その他、好みのチーズを一口大にカットする。

② 皮をむいた洋梨を 6 ～ 8 等分に切り、レモン汁を入れた水につけた後、とり出して水気を切る。

③ 各皿に洋梨を無造作に並べ、カットしたチーズ、大まかにくだいたクルミをのせる。

　これで、シャレたプレゼンテーションとお味の前菜が完成。チーズが苦手の私にはわからないものの、「絶妙なるバランスにあふれたテースト」になる由。それは好評のメニューです。

　前菜のみならず、デザート、あるいは、食後のチーズとして楽しめるのもこの一品。イタリアでは、洋梨を皮ごと盛って色合いをつけるパターンが多し。けれども、我が家では、食べやすいようにあらかじめむいています。ここに、苦みのあるはちみつをたらすイタリア人もあり。ファンタジーいっぱいのお味となるそうです。

前菜　イタリアンらしい絶妙トリオ！

チーズとクルミの洋梨添え
(ペーレ コン フォルマッジィオ エ ノーチ)

ここ何年かの間に、日本産の梨がほーんの少し市場にお目見えのイタリアです。その名も「nasi（ナシ）」。日本からの輸入物ではなく、イタリア国内で栽培の品でしょう。もうひとつ、果実にしまりがありません。こちらの主流は、やはり、（日本でいう）洋梨です。日本品種と異なり、やわらかく、かつ、ぬめりがある果実が多く、前菜や料理にも利用されます。

今回は、フォルマッジィオ（チーズ）とノーチ（クルミ）といっしょの前菜を紹介いたしましょう。かなりおしゃれな一品ゆえ、来客用としても重宝します。

材料４人分

- 洋梨 …… ４個
- 好みのチーズ …… 200g
- クルミ …… 60g
- レモン汁 …… １個分

作り方

① 卵を固めに茹で、カラをむいた後、半分にカットする。

② マッシュルームをスライスする。ニンニクはみじん切りにして、オリーブオイルで共に炒《いた》める。

③ 水を少々加え、トロ火で５分間煮る。

④ ③にザク切りしたトマトを入れ、サッと混ぜてから、タイム、マジョーラム、塩を加える。

⑤ 茹で卵の上に④を均等にかけ、180度のオーブンで10分間焼く。

⑥ 仕上げにパセリをふる。

茹で卵以外にも利用できそうなこの料理。固めにボイルドやスチームした魚や肉との組みあわせでもいいでしょう。あるいは充分に調理ずみのベース食材（卵、魚肉）に④のソースをかけただけでもけっこう。オーブンなしでもおいしい前菜となります。

お子さん用には、ニンニク、そしてハーブを除いたほうが無難。パセリも好みで調整してください。パルミジャーノチーズのおろしたてをかけてもおいしそうですね。

前菜　活用多種のうれしいメニュー

茹で卵の前菜

イタリアでもポピュラーな食材となっている卵。なぜか、日本のものよりお高い！　一説には、日本ほどの大量ブロイラー産ではないから、とのこと。白いカラのものはなく、すべて茶色なのも異なります。

お味？　気のせいでしょうか、はたまた事実か……。新鮮でフレッシュな味覚に感じられます。少々高めでもいたしかたなし、といったところ。朝市などでは、一個売りもしてくれるイタリアの卵。懐かしいムードすら漂います。

ここでは、茹で卵を使ったちょっとおしゃれな前菜を御紹介しましょう。軽めの主食としても楽しめる一品です。お弁当のおかずにも最適。覚えておくといいレシピといえます。

材料４人分

・卵　中サイズ……６個
・マッシュルーム……100g
・湯むきトマト……１缶ぶん
・ニンニク……１かけら
・オリーブオイル……大さじ１
・パセリのみじん切り……大さじ１
・ドライのタイムとマジョーラム……各ひとつまみ
・塩……適宜

作り方

① エビの頭、尾、カラを除く。背ワタも取り除いたほうがベター。

② フライパンにオリーブオイルを熱し、エビを入れて色づくまで炒める。

③ ②にワインヴィネガー、パセリ、塩、コショーを入れて混ぜあわせ、２分間加熱する。

これで終了。どうしようもないほどカンタンなメイン料理でございましょ。ところが、お味は上々ときているのでうれしくなります。

パセリは、イタリアンパセリの使用がベスト。ない場合は、ふつうのパセリ、あるいはドライ製でもかまいません。エビにしても、冷凍もの利用もオーケー。ただし、カラなどがあらかじめ除かれていたら重量に注意してください。600ｇぐらいで充分です。

この一品を素晴らしくおシャレな味に仕上げたいなら、あるハーブのプラスをおすすめします。それはエストラゴン。ドライでけっこう。作り方③のプロセスでほんの少々（小さじ半杯ぐらい）加えてください。魚介類によくマッチするハーブゆえ、よりごちそうのテーストへとアップします。

辛口の白ワインがよくあうこの料理。お酒のおつまみ的にテーブルへ登場させてもいいでしょう。

前菜

スーパー簡単レシピなのに豪華な一品

エビのビネガーあえ
(ガンベリ アッラチェート)

カンタン、シンプルなほどおいしいのがイタリア料理。そう信じているものの、ここまでのイージー料理というのもどうしたものでしょう。レシピを書くほどのものではないくらいですが、けっこう豪華なプレゼンテーション。加えて、お味もバツグンゆえ、紹介してしまいましょう。

材料 4 人分

- エビ……800g
- オリーブオイル……大さじ 4
- 白ワインヴィネガー……大さじ 1
- パセリのみじん切り……大さじ 1
- 塩、コショー……適宜

作り方

① イワシの頭を除き、内臓と骨も処分する（新鮮なイワシは、手作業できれいにできる）。

② 冷水でよく洗い、キッチンペーパーで水気を取る。

③ ニンニクを粗くスライス。イタリアンパセリは、小枝にわける。唐辛子は種を除き、半分に手ちぎりする。

④ イワシの上に、ニンニク、イタリアンパセリ、唐辛子をのせる。

⑤ レモン汁を均等にかけ、そのあと白ワインも加える。

⑥ 塩を少々ふる。

⑦ 最低、20分間漬け込んでから食べる。

このままでも充分においしいマリネながら、さらにイタリアン風味としたければ、オリーブオイルも加えましょう。食べる直前に100ml くらいかけるのがコツ。もちろん、エキストラ・ヴァージンのオリーブオイルがおすすめです。ヘルシーで栄養価の高い一品に仕上がります。

前菜　イタリア版 SASHIMI はいかが？

生イワシのレモンマリネ

SUSHI ブームは、イタリアとても同じです。刺身の苦手な人が多いものの、いちど口にすれば、「ヴゥオーノ（おいしい）！」となり、ハマってしまう人だって少なくありません。

ただし、日常の家庭料理には、刺身用魚介類が登場しないイタリア。けれども、とびっきり新鮮なイワシやマグロが手に入ったときは別です。レモン汁をたっぷりかけて漬け込んでから食べる料理も存在します。ここに紹介するマリネが最もいい例でしょう。

材料 4 人分

- 新鮮なイワシ（なるべく小さめのもの）……600g
- レモン汁……2 個分
- 唐辛子……2 本
- ニンニク……2 かけ
- イタリアンパセリ……1 枝
- 辛口白ワイン……100ml
- 塩……適宜

作り方

① ニンニク、唐辛子を細かくきざむ。

② 皿にイワシを並べ、みじん切りしたパセリと①を散らす。

③ すべての材料が隠れるくらいにオリーブオイルをかける。

④ 最低半日、できれば1日おいてからいただく。

これ、ハッキリ言って、かなりウルサイお味です。お酒のおつまみによし、ホッカホカのご飯にも最適。カナッペ用の具、あるいは、パニーニを作るのにもむいています。唐辛子が苦手な人は、ケッパーにしてもよし。ひょっとしたらサンショウを少し加えてもオツかもしれませんね。

イタリアンパセリの使用が理想ながら、通常のパセリで作ってもそれなりに美味。細かくきざむほど、見た目も美しく仕上がります。

前菜　イージーながら通好みのお味

イワシのグリーンソース添え

「チン」やレトルト食品利用が皆無に近いのが平均的イタリア家庭。冷凍ものも市販商品購入はわずか。多めに買った食材を小わけにして冷凍庫に入れる、というのがメインです。

でも、缶詰類はけっこう常備しています。特に欠かせないのがツナ缶。良質のオリーブオイルに漬けたツナのお味はなかなかのものです。他のどの国よりも、イタリアのツナ缶はおいしいと思ってしまいます。

イワシの缶詰も、やはりオリーブオイル漬けが人気。無名メーカーなら１缶約60円、有名メーカーでも100円前後のお値段が手ごろ。ツナ缶の次に人気のペッシェ（魚）缶詰となっています。

イワシ好きな私は、そのまま食べることがしばしば。イタリア人は、ちょっと工夫して、こんなアンティパスト（前菜）にしたりします。

材料４人分

- イワシのオイル漬け（缶詰）……8匹
- パセリのみじん切り……½カップ
- ニンニク……3片
- 赤唐辛子……1本
- オリーブオイル……適宜

パスタ

言わずと知れたイタリア人の国民食。「パスタ　アモーレ　ミオ（私の愛するパスタ）」などというフレーズの料理記事がよく登場します。「パスタなしでは生きていけないイタリア人」ともされているほどです。

ところが今や、国外でのパスタ愛も増加の一方。欧米はもちろんのこと、日本でも大変な人気を呼んでいるようです。毎日のメニューとして登場させなくても、「平均して、一週間に二、三回」というパスタ愛食家が多い様子。すでに、国際食なみとなった、と言えるでしょう。

各種の食材を利用して、スピーディ、かつリーズナブルに仕上がるのがパスタ料理。一皿で一食ぶんとすることもできるため、日常メニューとして愛されるのも当然。万人好みの麺《めん》類であるため、子どもからお年寄りまで、年齢を問わない料理となっているのもうれしいところです。

ところが、実は一筋縄ではいかないのもパスタ。最上のお味に仕上げるためには、他のレシピ以上に神経を使うものなのです。

まさか！　パスタほど簡単な料理はないのに……。そう反論されるかたが多いことでしょう。事実、パスタ用のソースなどは、シンプルなほど美味だと信じます。基本のトマトソースでいただくパスタがいい例ですね。

クセモノなのは、ひとえに「パスタ茹《ゆ》で」。これがまあ、気を使うのなんのって。ごく正しいアル・デンテ（歯ごたえのある）茹でにするには、いくつかのポイント、そして注意が必要となります。

まず、イタリアでは、大きなずん胴鍋《なべ》が必需。たっぷりのお湯にて茹であげるのが身上ゆえ、ひとりぶんの時でも使用します。

お湯の沸騰は、ごく完全に成されなければいけません。そこに、水量に対して、約1パーセントの塩を入れます。天然の粗塩なり。良質の天然塩ほど、円《まろ》やかな味つけのパスタに茹で上がるからです。

パスタを入れた後がさらなるモンダイ。使用のパスタ袋（箱）に記してある所要時間を鵜《う》呑《の》みにしてはなりません。その時の気温、湿度、お湯の量などによって、茹でぐあいに変化が生じるからです。

必ず、表記所要時間の一、二分前に、茹でかげんを試しましょう。パスタを取り出し、食べてみます。イタリアでは、奥さんが旦那《だんな》さんに頼んでの「味見」も多いパスタです。理由は、「アル・デンテじゃないと、夫が食べない」。それくらいに、こだわりの強い茹でぐあいなのです。

「よしっ！」となったら、手早くザルにあけ、ソースとあわせます。トマトソースの時は、皿に盛ったパスタの上に、アツアツのソースをかけるのがイタリアン。生バジルを乗せて、カラフルに仕上げます。

アル・デンテ術さえマスターしたら、こわいものなしなのがパスタです。これから紹介のレシピも、どんどんトライしてみてください。

作り方

① ベーコンを2cmぐらいの棒角状にカットする。よく洗ったルッコラは大雑把に切る。

② 熱したオリーブオイルでベーコンを炒《いた》める。弱火でゆっくり、焦げ目がつくまで炒めていく。

③ ルッコラを入れ、サッと混ぜ炒める。

④ 塩、コショーで調味をした後、火を止める。

⑤ アル・デンテに茹で上げたパスタを入れて混ぜあわせる。

⑥ 各皿に盛ったら、薄くスライスしたパルミジャーノチーズを乗せる。

ベーコンのコクと、ルッコラのホロ苦さがみごとにマッチ。大人のお味に仕上がります。ただし、このレシピは、あくまでもイタリアでの分量。日本では、まだまだ高価なルッコラに違いありません。少なめの利用だってけっこう。クレソンやからし菜などの代用もまたいいでしょう。工夫しだいで、さまざまなバリエーションを楽しんでください。

パスタ

加熱したルッコラとベーコン味がマッチ

ルッコラとベーコンのパスタ（パスタ ディ ルッコラ エ ベーコン）

かつては、「ルッコラ」など知らなかった私。イタリア旅行を重ねるようになって、初めてとりこになった野菜といえます。今では、日本でも購入可能となった由。すごいなー、イタリアンしてるな～。驚くばかりです。

クレソンにゴマ味をプラスしたようなのがルッコラの身上。ハマるんですよね、このミステリアスなテーストって。モッツァレッラにトマトとルッコラの組みあわせが最も気に入っています。赤、白、緑——。イタリア国旗みたいなカラーというのも楽しい。つい、食べすぎてしまうのが常です。

生がベストなルッコラとはいえ、加熱もイケます。ここでは、ベーコンといっしょのパスタ料理を紹介しましょう。

材料４人分

- 好みのパスタ ……………………………400g
- ルッコラ ……………………………２束（２握り）
- ベーコンのかたまり ……………………………100g
- オリーブオイル ……………………………大さじ２
- パルミジャーノチーズ ……………………………40g
- 塩、コショー ……………………………適宜

作り方

① バジルとイタリアンパセリをみじん切りにする。

② フライパンにオリーブオイルを熱し、①をサッと炒める。

③ トマトピューレを加え、弱火で数分煮込む。

④ 塩、コショーで調味する。

⑤ 茹で上がったスパゲティにからめる。

生ハーブゆえ、あまり細かくみじん切りにする必要はなし。あら切りくらいのほうが、そのもののテースト、香りを楽しめます。このパスタ料理には、トッピングとしてバジルかイタリアンパセリの葉をのせるとおしゃれ。色どりをプラスさせたいなら、プチトマトか赤カブを添えてもいいでしょう。

トマトピューレぬきでもけっこう。よりシンプルなハーブのパスタとなります。

ドライのハーブのパスタはなし、か？　いえいえ、そんなことはありません。ただし、くれぐれも分量に御用心。ドライのものは濃厚ゆえ、少なめの使用が肝要です。バジル、イタリアンパセリともに、小さじ２杯ていどにしておきましょう。一度作った後、次からは好みで増減してください。

パスタ

バジルとイタリアンパセリの
フレッシュさが身上

ハーブのスパゲティ

生ハーブの出回るシーズンとなりました。かつては限られた店でしかお目にかからなかったバジルやイタリアンパセリながら、日本各地で求められる昨今とか。プランターに種をまき、毎年育てている人も少なくないようです。今回は、生ハーブをふんだんに使ったスパゲティを紹介いたしましょう。

材料４人分

- スパゲティ……………………………………400g
- バジル……………………………………２枝
- イタリアンパセリ……………………………２枝
- トマトピューレ………………………………大さじ２
- オリーブオイル………………………………大さじ４
- 塩、コショー…………………………………適宜

作り方

① トマトを小さめの角切りにする。

② インゲンを茹で、ペンネと同じくらいの長さに切る。

③ ボールに①と②を入れ、オリーブオイル、塩、コショーを加えて混ぜあわせる。

④ バジル数枚のみじん切りも加え、さっと混ぜる。

⑤ アル・デンテに茹でたペンネに水を通す。

⑥ ペンネの水気が切れたら④に入れて混ぜあわせる。

⑦ 残りのバジルを手ちぎりしてのせる。

これがベースのレシピ。モッツァレッラや茹で卵、ハムなどを加えて、ボリュームアップしてもいいでしょう。暑い日のピアット・ウニコ（一皿料理）としてもってこいです。

ペンネを、他のショートパスタにかえてもけっこう。コンキリエ（貝）、あるいはフジッリ、ファルファッレ（蝶々《ちょうちょう》）などのショートパスタが最適。サラダ仕上げのレシピとの相性がバツグンです。

パスタ　盛夏のメイン料理にもピッタリ！

サラダ風パスタ
（インサラータ ディ ペンネ アイ ファジィオリーニ）

どんなに高温の日でも、アツアツのコーヒー、あるいは日本茶が好きな私。パスタとて同様です。真夏だって、ごくごく基本のトマトソースを煮込みます。

が、たまには、サラダ風のパスタを作らないでもありません。プレゼンテーションが華やかなためでしょうか。この時期の料理雑誌などでは、よく特集でレシピが載っていたりもします。最もポピュラーなのが、トマトとモッツァレッラ、バジルの組みあわせ。色あいも栄養のバランスもいいメイン料理ともなります。

今年のお気に入りサラダ風パスタは、インゲンを加えたペンネ。いかにもヘルシーなさわやか夏のパスタです。

材料４人分

- ペンネ……350g
- インゲン……200g
- トマト……中６個
- バジルの葉……10枚
- オリーブオイル……大さじ３
- 塩、コショー……適宜

作り方

① アンチョビをみじん切りにする。

② 厚底の鍋を用意。玉ネギとアンチョビ、水（大さじ1）、白ワインを入れる。

③ フタをして弱火にて玉ネギが柔らかくなるまで煮る。

④ 湯むきトマトを加え、木ベラでつぶし、さらに弱火で10分間煮込む。

⑤ 塩を少々加えたあと火からおろし、パセリとオリーブオイルを入れてサッと混ぜあわせる。

⑥ 茹であがったパスタとあえる。

なんだか南伊ムードのこのソース。アンチョビの味がソルティにきいていて、日本人好みのメニューに仕上がります。

ちょっとした調理上のコツも添えておきましょう。白ワインは辛口にしてください。また、塩は控えめにするのがポイント。アンチョビが入っているぶん、ごく少量としておきます。好みに応じ、食べる際にプラスしてもかまいません。

パスタ

アンチョビ入りで南伊のテースト！

トマトとアンチョビのソース

おかげさまで、我が敬愛する定番トマトソースのレシピは大好評。多くの読者のかたがたからも「カンタン、おいしい、本場のお味」との支持を得ています。

イタリアの家庭の味を代表するのが、シンプルこのうえない、トマトソース。トマトのみがベースのソースゆえ、毎日のようにパスタと組み合わせたって飽きがきません。

けれども、ときには、「ちょっと違うソースでパスタを食べたい」気分にだってなるもの。肉入りのソースでボリュームいっぱいの一品にするのもいいですが、こんな海の幸ソースだってあります。

イタリア名は、Salsa di pomodoro e acciughe（サルサ　ディ　ポモドーロ　エ　アッチィューゲ）。トマトとアンチョビのソースです。

材料４人分

- 湯むきトマト……400g
- 缶詰のアンチョビ……４本
- 玉ネギとパセリのみじん切り……各大さじ１
- オリーブオイル……大さじ１
- 白ワイン……大さじ１
- 塩……適宜

作り方

① アンチョビ、ニンニクを大雑把なみじん切りにする。

② プチトマトを半分にカットする。

③ フライパンにオリーブオイルを熱し、ニンニクを炒める。

④ ニンニクにやや焦げめがついたら、アンチョビとトマトを入れて炒める。

⑤ 中火で5分くらい炒め続けて塩で調味。

⑥ 茹で上がったスパゲティを⑤に入れて混ぜあわせる。

手早い作業でございましょ。それでいて、本場イタリアのレストランに登場のパスタなみの仕上がり、そしてお味です。アンチョビを入れたところが、いかにも地中海風。好みで、黒や緑のオリーブの実を入れてもいいでしょう。地中海の風味が、よりディープとなります。気をつけていただきたいのが、塩の加えぐあいです。アンチョビはかなりソルティなのが常。ごくひかえめな塩分量が無難。塩のかわりに、唐辛子の粉を少々入れて仕上げてもけっこう。ピリカラさが南伊のムード＆テーストを盛りあげます。

パスタ

素早い調理で地中海パスタ

地中海風スパゲティ
（スパゲッティ メディテッツラネイ）

『Cucinare Veloce（クチィナーレ　ヴェローチェ）』なる本を買いました。『素早い料理』ですね。なぜゲットしたかというと、大手スーパーの書籍コーナーで特価プライスがつけられていたから。約300円なり。イタリア料理なんて、ほとんどがカンタン。てっとり早いのが身上です。さしたる参考にもならないな、とページをめくっていました。

ところが、この料理はトライの価値がありそう、と直感して作ってみました。なかなかのパスタ味だったので御紹介します。

材料４人分

・スパゲティ……………………………400g
・プチトマト……………………………500g
・アンチョビ……………………………100g
・ニンニク……………………………２かけ
・オリーブオイル…………………大さじ４
・塩…………………………………………適宜

作り方

① ニンニクをつぶす。

② 鍋にオリーブオイルを熱し、①のニンニクをサッと炒める。

③ 缶詰のトマトの汁を除き、②に入れて木ベラでつぶしながら炒める。

④ ツナ缶の汁も除いて加え、軽くほぐす。

⑤ 弱火に10分間かけ、塩、コショーで調味。

⑥ 茹で上がったパスタとあえ、各自の器に盛った後、イタリアンパセリをふりかける。ナイフで粗くスライスしたパルミジャーノチーズものせてできあがり。

イタリアンパセリをトッピング的にかけるため、グリーンカラーがあざやか。さらに、粉末とは異なるパルミジャーノチーズのスライスがプラスされての華やかなパスタ料理です。ただし、各自の好みを考え、チーズは別皿に用意しておいたほうが無難。好きな量を自分でかけるようにするといいでしょう。

パスタ

缶詰の利用でも華やかなパスタに！

トマトとツナのパスタ

ツナ缶の利用は、ここイタリアでも頻繁です。どの家庭でも、特価プライスのときに多めに求め、常にキープしています。ツナとイタリアンパセリだけでスピーディに作るパスタもよく登場。飽きのこない味がうれしい一品です。

今回は、もう少し食材を増やしてのレシピにしてみました。トマト缶、そしてパルミジャーノチーズを加えてのパスタです。色あい、お味ともにごきげん！　来客用としても好適なメニューとなります。

材料４人分

- 好みのパスタ……400g
- ホールトマトの缶詰……１缶
- ツナの缶詰……小１缶
- ニンニク……２かけ
- イタリアンパセリ（みじん切り）……大さじ１
- パルミジャーノチーズ……50g
- オリーブオイル……大さじ２
- 塩、コショー……適宜

作り方

① 大雑把に千切りした人参とセロリを、約10分間塩茹でにする。

② スライスした玉ネギ、冷凍グリンピースも加え、さらに5分間茹でる。

③ アル・デンテに茹で上げたパスタと湯切りした②、オリーブオイル、塩、コショーを混ぜる。

④ 好みでパルミジャーノチーズのおろしたてをかけていただく。

やたらめったらカンタンなパスタ料理でしょ。こういうのが、イタリアの家庭料理。シンプルきわまりないぶん、決して飽きのこないお味となります。そのうえ、色どりもなかなか。パスタの白、人参の赤、グリンピースの緑ときているんですもの。イタリア国旗のカラーコーディネーションみたいです。

このレシピではアッサリしすぎ。そんなふうに感じることもチラホラ。ツナ缶を混ぜたり、生ハムやサラミを加えたりすることだってあります。バジルやイタリアンパセリ、ミントなどの生葉を手ちぎりして加えてもみたりして。要はその日の気分、アイディア、ファンタジーしだい、というわけです。

パスタ

色どり豊かでヘルシーなのがうれしい

野菜のスパゲティ
(スパゲッティ アッレ ヴェルドゥーレ)

拙著に何回となく書きましたが、パスタのなかで最も好きなのは、やはりスパゲティ。それも、細めなほど「il piatto che preferisco　イル ピアット ケ プレフェリスコ(好物の一品)」です。

ソースのメインは、なんといっても Sugo al pomodoro スゴー アル ポモドーロ（トマトソース)。トータルすると、80パーセントくらいの割合で食べている気がします。100パーセントにならないということは、確実に他のソース作りもしているわけです。そのひとつ、野菜利用のヘルシーなソースを紹介しましょう。スパゲティのみならず、どんなパスタともよくあいます。

材料４人分

・スパゲティ……400g
・人参《にんじん》……中２本
・セロリ……１本
・玉ネギ……半個
・冷凍グリンピース……大さじ２
・オリーブオイル……100cc
・塩、コショー……適宜

作り方

① インゲンのスジを取り除き、12〜13分塩茹でする。その後、ザルにあけ、水分を切ってから4cmくらいにカット。

② 白身魚を2cm角ぐらいに切り、火が通るくらいに塩茹でする。その後、ザルにあける。

③ 鍋にトマトピューレを入れ、弱火のまま調理。煮立ったら、インゲン、魚、オリーブオイルを入れて、さらに数分加熱する。

④ 塩、コショーで調味した後、パセリを加えて火を消す。

⑤ 茹で上がったパスタとあえる。

このパスタ料理は、ひとりぶん約260カロリーというライトさ。ヘルシーなだけでなく、ダイエットとしても最適なレシピといえるでしょう。

好みのパスタでけっこうながら、ショートパスタがよりマッチ。特に、フジッリのようなソースがしみこむ形のショートパスタだとベストです。

ワンランク上を行くテーストにしたかったら、白身魚をボイルするときに工夫をしましょう。ベジタブルブイヨンの素でスープを作り、それで茹でてみてください。プロなみの仕上がりとなることうけあいです。

よく冷えた辛口の白ワインとよくあうこのパスタ。盛夏のメニューにお加えください。

パスタ

シーフードのパスタは
ダイエットにも絶好！

インゲンと白身魚のパスタ

日本では一年中、市場にお目見えのインゲンです。イタリアにて出回るのは、旬の夏場。グリーンのみならず、黄色や濃紺のインゲンまで姿をあらわします。最もポピュラーなのは、やはり緑色のインゲン。白身魚といっしょに、こんなパスタはいかがでしょう。

材料４人分

- 好みのパスタ ……………………300g
- インゲン ……………………200g
- 白身魚 ……………………200g
- トマトピューレ ……………………150ml
- パセリ（みじん切り） ……………………大さじ1
- オリーブオイル ……………………大さじ1
- 塩、コショー ……………………適宜

作り方

① 玉ネギを大雑把にみじん切りにする。

② 鍋にオリーブオイルを熱し、玉ネギを軽く炒める。

③ 冷凍アサリ、トマトの缶詰を加え、木ベラでかき混ぜながら加熱する。

④ パセリのみじん切り、ブイヨンの素も加え、弱火で5分くらい煮る。

⑤ 塩、コショーで調味する。

⑥ 茹でたてのスパゲティとあわせるか、あるいは上にかける。

からつきのアサリと白ワインで作る「ボンゴレ　ビアンコ」とはまた異なるおいしさがこのメニュー。冷凍もののアサリでも充分に風味が出ます。エビ、イカ、タコ、ホタテ貝などで作ってもいいでしょう。

ポイントは、ブイヨンの素を加えること。教えてくれたノンナは言っていました。わざわざスープを作らず、そのまま加えていいのがスピーディ。「でも、味のほうはレストランなみ。来客用のパスタとしても喜ばれる」とのことです。確かに、と実感した私でした。

パスタ

「白」よりカンタンな「赤」アサリの一品

赤いアサリのパスタ（ボンゴレ ロッソ）

アサリのイタリア語はボンゴレです。ロッソは赤。ン？「赤いアサリ」とは？　実はこれ、トマトソース使いのアサリのこと。トマトソース抜きだと「ボンゴレ　ビアンコ(白)」となります。日本人が大好物のスパゲティ料理です。

今回は、ごくごく簡単な「赤」のほうを御紹介しましょう。町内のノンナ（おばあちゃん）から教わったレシピです。

材料4人分

- スパゲティ……400g
- 冷凍アサリ……250g
- ホールトマトの缶詰……1缶
- 玉ネギ……小半個
- パセリのみじん切り……大さじ1
- ブイヨンの素……1個
- オリーブオイル……大さじ1
- 塩、コショー……適宜

作り方

① イカをよく洗って乾かし、一口大に切る。

② トマトを湯むきして、1cm角に切る。

③ ニンニクはつぶし、パセリはみじん切りにしておく。

④ オリーブオイルをフライパンで熱し、ニンニクをサッと炒める。

⑤ イカを加え、2～3分炒めたら、白ワインを入れて木ベラで混ぜる。

⑥ トマトも入れたら弱火にして、フタをしたまま20分煮る。

⑦ 塩、コショー、パセリのみじん切りを加えて火を消す。

⑧ 茹で上がったパスタと混ぜあわせる。

　これだけのレシピで、レストラン並みの海の幸パスタが完成。ニンニクと白ワインを入れるのがポイントです。イタリアンならではの風味が出て、プロ顔負けのテーストとなります。

　イカは生がベストながら、冷凍でもかまいません。タコや貝類を加え、さらにリッチな海の幸パスタとしてもいいでしょう。

　このパスタのお伴には、やはり白ワインがおすすめ。辛口ほどよく合うのは、調理の場合と同様です。

パスタ　シンプルな海の幸パスタはこれ！

イカのパスタ（パスタ アッレ セッピィエ）

「セッピィエ」とはイカのことです。単数だとセッピィア。複数はセッピィエとなります。日本と同じく、タコやイカの食材に恵まれたイタリア。前菜として、はたまたパスタ、メイン料理用のレシピが数多く存在しています。ここでは、カンタンにできる地中海風味のパスタをあげてみましょう。

材料４人分

・ロングパスタ（スパゲティやリングイネ、フェットッチーネ、タリオリーニなど）……320g
・イカ（内臓を除いて）……300g
・完熟トマト……中２個
・ニンニク……２片
・白ワイン……40ml
・パセリ……１枝
・オリーブオイル……40ml
・塩、コショー……適宜

作り方

① スライスしたニンニクをオリーブオイルでごく軽く炒める。

② ①にイワシとサバ、黒オリーブの実を加えて炒める(缶詰の汁は除くこと)。

③ 白ワインを入れ、サッと混ぜる。

④ トマトピューレを加えて、弱火で数分間煮込む。

⑤ パセリを加えて火を消す。

以上がパスタのソースです。茹で上がったパスタと混ぜあわせていただきます。

南伊出身の彼は、けっこうな辛党。食べる前に黒コショーを挽《ひ》いてから口に運ぶのが常だそうです。私もまた辛党。でも、コショーではなく、ドライの唐辛子をちぎってみました。すると、いつかナポリや南の島で食べたパスタの想い出がジワ〜っ。さらにおいしいイタリアンとなった気分でした。

魚の缶詰は、イワシやサバに限らなくていいでしょう。ツナやアンチョビ、その他、いろいろトライしてみると楽しそう。オリーブの実とパセリはお忘れなく。見た目もおしゃれなパスタ料理に仕上がるからです。

パスタ　エコノミーなのに豪華テースト！

イワシ&サバ缶のパスタソース

拙著にもよく登場していただくペルージャ在住の裕子さん。熱心な読者のかたはご存知のことでしょう。彼女の恋人は南伊出身の歯科医。海の近くで生まれ育った彼だけに、魚料理がお好き、とか。おまけに、自分で工夫して、おいしいペッシェ（魚）のイタリアンを作ってしまうそうな。彼の家で、よくごちそうになる裕子さんだそうです。

「きのうはね、こんなパスタを作ってくれたの」との報告あり。なんとも簡単、しかもおいしそうではありませんか！　早速トライした私です。うーん、なかなかのお味！魚の缶詰利用レシピながら、けっこうゴーカぽいパスタ料理となるのもすごい。みなさんにもお教えいたしましょう。

材料２人分

- イワシとサバの小缶詰……各１個
- ニンニク……１かけら
- 辛口の白ワイン……大さじ２
- トマトピューレ……200cc
- 黒オリーブの実……10個ぐらい
- オリーブオイル……大さじ２
- パセリのみじん切り……大さじ１

作り方

① フライパンにオリーブオイルを熱し、大雑把な細切《こまぎ》れにしたパンチェッタ、セージの葉を入れて炒める。パンチェッタがカリカリになるまで、弱火で炒め続けるのがポイント。

② 茹で上がったスパゲティを①に加え、卵を割り入れて、手早くかき混ぜる。

③ パルミジャーノチーズを加えて、サッと混ぜ、塩、コショーで調味。

　これが、一般家庭で作られる「正しい」カルボナーラ。生のセージの葉がなければ、ドライの使用でもかまいません。ただし、ほんの少量（小さじ１杯くらい）にしてください。お子さん用には、セージぬきのほうがいいでしょう。
　また、茹で上がったスパゲティを加えた段階で火を止めるのがイタリアでの作り方。卵とパルミジャーノチーズを入れてパスタと混ぜるプロセスは、あくまでも「あわせる」作業。「炒める」仕上げではないことをお忘れなく！

パスタ

正しいカルボナーラは カロリー低め

スパゲッティ アッラ カルボナーラ

今や日本での人気のパスタメニューのひとつらしい「カルボナーラ」。直訳するなら、「炭焼きふうスパゲティ」です。なぜ「炭焼き」なのか？　パンチェッタ（豚肉の塩漬け）を焦げつかせて作るからなんですね。

このカルボナーラ、レストランや料理本によって、レシピさまざま。日本では、生クリーム、あるいは牛乳を加えて仕上げるレシピも多いようです。ところが、本場のカルボナーラは、生クリームも牛乳も使わないのがふつう。オリーブオイルで炒めたパンチェッタに、茹でたてのスパゲティを加え、卵とパルミジャーノチーズをまぶして仕上げます。このほうが、カロリーは少なめなのに味わいが深い。ぜひとも試していただきたいと切望します。

材料４人分

- スパゲティ……400g
- パンチェッタ（あるいはベーコン）……50g
- 卵……２個
- オリーブオイル……大さじ２
- セージの葉……３～４枚
- パルミジャーノチーズ（おろしたもの）……60g
- 塩、コショー……適宜

作り方

① ズッキーニと玉ネギを細切りにする。長さは3 cmくらいがベター。

② サーモンを約2 cmの角切りにする。

③ フライパンにバターの半量を熱し、野菜を入れる。弱火にして5分くらい炒める。

④ 他のフライパンに残りのバターを熱し、サーモンを炒める。中火の後、弱火にして5分ほど炒め、塩、コショーで調理する。

⑤ 炒めたサーモンを③に加え、サッと混ぜあわせる。

⑥ アル・デンテに茹で上げたパスタ、パセリを加えて混ぜる。

　ズッキーニがない場合はどうするか？　私ならピーマンを代用します。赤、黄色、緑、3色ピーマンで作っても楽しそう。もちろん、ごく一般的な緑のピーマンのみでもけっこう。色あいも爽《さわ》やかに仕上がります。

　こういったパスタにピッタリなのが、辛口の白ワインです。キリッと冷やした白ワインと共に召し上がると、さらにお味がアップします。

パスタ

ロングパスタに合う パーティ向きメニュー

サーモンのパスタ

イタリアではまだまだハイプライスのスモークサーモンです。来客用、あるいはホームパーティ、季節の行事メニューに最適な食材と言えるでしょう。

昨今の日本なら、けっこうリーズナブルに購入できるのはうれしい限り。日常の食卓に登場のレシピも数多く紹介されているようです。

今回は、イタリアの御馳走パスタ、サーモンを使っての一品をとりあげてみましょう。ちょっと珍しくバター使い。サーモンには相性のいい食材となっているからです。

材料４人分

・スモークサーモン……400g
・玉ネギ……中1個
・ズッキーニ……２本
・パスタ（スパゲティかタリオリーニなどのロングパスタが好適）……350g
・バター……100g
・パセリのみじん切り……大さじ1
・塩、コショー……適宜

想像もしていませんでした。サラダ油やゴマ油では、ここまであわない気がします。

ちなみに、スパゲティは全粒粉のものがベスト。どこかおソバのような味もして、たいそう香ばしく仕上がります。ということはおソバで作ってみてもいいのでしょうか？

ともかく、麺類は楽しくおいしい。いろいろなバリエーションとなるようです。

パスタ

病みつきになることまちがいなし！

塩昆布スパゲティ

どうしよう……。やはり、紹介しないほうがいいかもしれない。でも……。こんなにおいしいのを、ひとり占めというのも罪の意識。いかなるものか？

さんざん悩んだのですが、エーイ、いいや〜。ヒンシュク覚悟で記してしまおう、となりました。それは、塩昆布を使ったスパゲティです。ブキミ？　ええ、私もそう思いました、食べる前までは。が、驚いたことに、かなりイケます、風味バツグン！　ぜひともお試しいただきたいものです。

ちょうど、いただきものの塩昆布あり。すでに細く切られたものでした。ごはんがない。炊くのも面倒。ちょっとコワイものがあるけど、スパゲティにあえてみよう、となりました。

ごくアル・デンテに茹でたスパゲティに、大さじ１杯のオリーブオイルと、これまた同量（大さじ１）の塩昆布を入れます。かき混ぜてオシマイ。塩、コショーも不要です。

みごとなまでの日伊ミックスのスパ料理。これがまあ、バカにしたものじゃないんですね。サッパリ味ながら、どこかディープ。すっかりやみつきになってしまいました。

コツは、いつもよりほーんの少し硬めに茹で上げること。また、角型の塩昆布なら、細くカットしてから使ってください。ちょっぴりの梅干をほぐして加えるのもウルサイ。きっと、シソの千切りなんかもあうのでしょうね。

実は、オリーブオイルと昆布が相性のいい味になるとは

作り方

① トマトの皮を湯むきして、ごく粗めにザク切りにする。

② ニンニクをみじん切り、アンチョビは粗切りにする。

③ ボールにトマト、ニンニク、アンチョビ、ケッパー、粉唐辛子、塩を入れ、オリーブオイルも加えて混ぜる。

④ 茹で上がったパスタを入れてサッと混ぜあわせる。

すぐに食べてよし、冷めてからでもまたおいしい一品です。超ゲキカラ党のかたなら、粉唐辛子の量を倍にしてもけっこう。唐辛子をきざんで入れてもいいでしょう。

さらにオシャレに仕上げたいなら、オリーブの実（種ぬき）をスライスしたものをプラスしてください。黒オリーブのほうがより味わい深く仕上がります。

お弁当としても最適なこのレシピ。ショートパスタの種類を変えて楽しんでみてはいかがでしょう。

パスタ　ピリカラのパスタの決定版！

辛いソースのパスタ
（パスタ イン サルサ ピッカンテ）

　ある人気シェフ（イタリア人）の料理本を読んでいたら、こんなことが書かれていました。

「コショーはほとんど使いません。辛さがほしいときは、唐辛子の利用が好ましい、と思っています。健康によりいいし、香りも味わいも深いからです」

　一説には、心臓によくない、と言われるコショー。家庭の主婦でも、「いっさい使用しない」と断言する人だっているほどです。だから、というわけでもありませんが、今回は唐辛子入りのピリカラ仕立てソースによるパスタにしてみました。

材料4人分

- ショートパスタ……350g
- トマト……大4個
- ニンニク……1かけ
- ケッパー……大さじ1
- アンチョビ……4本
- 粉唐辛子……小さじ1
- オリーブオイル……大さじ4
- 塩……少々

作り方

① ボールに卵を溶きほぐす。

② 残り物のパスタ、おろしたチーズ、塩、コショーを加え、サッと混ぜあわせる。

③ フライパンにオリーブオイルを熱し、両面ともカリッと焼き上げる。

実は、「こんなの、おいしいんだろうか？」との疑問を持ったものでした。ところが、ナポリのノンナ宅でごちそうになって以来、病みつきモードの私。『素パスタがおいしい』で知った読者のみなさんも、まったく同様のようです。

ちなみに、パスタの種類は問いません。ナポリのノンナは「マカロニが最適」とのことでしたが、スパゲティで作ってもなかなか。各パスタによって、微妙な味わいの差が生じるので楽しくなります。

パスタ　残り物利用のパスタこそハマる

パスタのオムレツ（パスタ フリッタータ）

私にとって初体験の料理本(ムック)『素パスタがおいしい。』(オレンジページ社)への御感想メッセージをずいぶんといただきました。トマト系パスタのレシピに人気が高いのは予想どおり。「トマトのかんたんレシピがたくさん紹介されていてうれしい」とのお声が上がっています。

意外な反響、と驚いたのが、残り物のパスタ利用の一品。ナポリのノンナが教えてくれた「パスタのオムレツ」です。こんな読者レターもいただきました。

――あまりにおいしくて、最近では、わざと残るくらいのパスタを茹でています。

冷めてから食べてもイケるのがこのパスタ。お弁当への利用も効くため、「大助かり」と言われています。同誌をごらんいただいていないかたのために、ここで紹介いたしましょう。

材料２人分

- 残り物のパスタ……100g
- 卵……中２個
- パルミジャーノチーズ……大さじ２
- オリーブオイル……大さじ２
- 塩、コショー……適宜

作り方

① プチトマトを半分にカットする。イワシは大きさにより、2～4等分にする。唐辛子は粗みじん切り、ニンニクはつぶす。

② 缶詰のオイル、及びオリーブオイルをフライパンで熱し、ニンニクが少々色づくまで炒める。

③ プチトマト、唐辛子も加え、サッと炒める。

④ イワシも入れ、約5分間弱中火にて調理する。

⑤ パセリを加え、塩で調味する。

⑥ 茹で上がったパスタの上に、⑤をのせる。

ね、素朴な南イタリアのパスタ料理、という感じでしょ。ポイントがいくつかあります。

その1、イワシのオイルも利用して風味をつける。
その2、コショーのかわりに唐辛子を使い、南伊のテーストにする（唐辛子の粉でもけっこう）。
その3、イワシがくずれないよう、パスタと混ぜあわせず、上にのせてサーヴする。

さらに地中海のお味を増したいときには、オリーブの実やケッパーを加えてもいいでしょう。作り方としては、④のところに入れます。イワシがなかったら、サバ、ツナ缶でもよさそう。何パターンものパスタ料理のレパートリーとなるでしょう。

パスタ　缶詰利用の手軽さでお気楽調理

プチトマトとイワシのスパゲティ
(スパゲッティ ポモドローリ エ サルデ)

読者のかたがたからのお便りによると、毎週２～３回のパスタ料理を楽しむケースが多いようです。なかには「毎日のように食べていま～す」のパスタ党もいらっしゃる。一皿のみですませられて便利、ということでした。

ということで、今回は栄養のバランスも豊かで、パパパと手早く作れるパスタのレシピにしてみました。缶詰のサルデ（イワシ）を使っての一品です。

材料４人分

- スパゲティ……200g
- プチトマト……200g
- イワシ缶……100g
- イワシ缶のオイル……大さじ1
- オリーブオイル……大さじ2
- ニンニク……2かけ
- 唐辛子……1本
- イタリアンパセリ（みじん切り）……中さじ1
- 塩……適宜

作り方

① 小海老の頭、カラ、背ワタを除いて洗い、水分をよく切る。

② フライパンでバターを熱し、つぶしたニンニクをサッと炒めてから、小海老を加えて色づかせる。

③ 生クリームを入れてサッと混ぜて、塩、コショーで調理後、火を消す。

④ 茹で上がったパスタを入れてあえる。

⑤ 各皿に盛った後、イタリアンパセリをふりかける。

さらなるコクを出したいなら、やはり、パルミジャーノのすりおろしをかけていただくのがいいでしょう。イタリア人によっては、「魚利用のパスタにパルミジャーノはタブー」と主張するケースも少なくありません。でも、規則はなし、なのが家庭料理と考えています。イタリアンならなおさらです。いつも、おろしたパルミジャーノを用意。好みでかけるか否かを判断するようにしています。

パスタ

小海老とクリーミーなお味がやさしい

生クリームのパスタ
(パスタ アッラ パンナ)

クリーミーなパスタを口にしたい時ってありませんか？ごくたまにではあるものの、バターと生クリーム使用の一品を作ります。最もスピーディ、かつ簡単なのは、バターを溶いたところに生クリームを加え、茹でたてのパスタを入れた後、パルミジャーノのおろしたてをふりかけて仕上げるものです。わざと、具はなにも入れません。それでいて、適度にリッチテーストを楽しめます。

少し手をかけての豪華パスタにしたいのなら、小海老《こえび》を用いてのレシピはいかがでしょうか。ホームパーティにはもちろんのこと、来客用の一品としても好適です。

材料４人分

- 好みのパスタ……350g
- 小海老……500g
- バター……400g
- ニンニク……1片
- 生クリーム……250cc
- イタリアンパセリ（みじん切り）……大さじ２
- 塩、コショー……適宜

コツというか、ポイント、あるんですよ、これが。以下のとおりです。

(1) パスタはふつうに塩茹でするが、調味用の塩は不要。唐辛子の味のみでじゅうぶん。
(2) オリーブオイルは、上質のエキストラ・ヴァージンオイルにする。
(3) プラスワンの食材として相性がいいのは、ケッパー、オリーブの実、イタリアンパセリ、バジルなど。ただし、何種も加えないほうがよりおいしい。

あくまでも、柚子唐辛子粉を使って満喫している私です。柚子ぬきの唐辛子だといかなるものか？　香りに欠けるのはたしかながら、それなりに「ヴゥオーノ（おいしい）」かもしれませんね。お試しください。

パスタ

超カンタンなパスタにもコツありき

柚子七味のパスタ

ヒンシュク覚悟で紹介したパスタメニューがあります。それは、塩昆布のスパゲティ。いただきものの塩昆布を入れただけのふざけた簡単さ、とでも言いましょうか。こういうのって料理じゃないわね……、とＨＰ公開後に反省しきりの私でした。

ところが、世の中、なにが生じるかわからないもの。「早速試してみたら、メチャおいしかった」「今、ハマリにハマってるお味になってる」「塩昆布の大量購入が必要なくらい頻繁に作ってる」などというお便り続出。シンガポール在住の読者のかたからまで、礼状が届いてしまいました。「こんなにイージーでおいしいお料理を教えてくださってありがとうございます」と。

しかし、今回紹介の一品は、さらなる大ヒンシュクをかうことでしょう。だって、唐辛子の粉であえただけのパスタなのですから。でも、でも、お味はいいんですよ。この夏大好物となったスナック菓子「カラムーチョ」と同じく、病みつきになっているところです。

そもそも、このメニューを思いついたのは、日本から届いた「柚《ゆ》子《ず》入り七味」がキッカケ。ただの唐辛子粉ではありません。柚子入りゆえ、香り高いことといったら！　オリーブオイルとともにパスタをあえたらどうだろう、と考えました。それが、大正解！　シンプルきわまりないピリカラさの野趣あふれるテーストがたまりません。以来、１日おきぐらいにランチメニューとなっています。

作り方

① ジャガイモの皮をむき、2cmぐらいの角切りにして塩茹でにする。

② やわらかくなったら水分を除き、温かいうちにマッシュ状にする。

③ 鍋に②を入れ、中火にかけ、少しずつブイヨンを加えながら木ベラで混ぜあわせる。

④ 約10分後、火を止め、イタリアンパセリとヨーグルトを加えて混ぜあわせ、塩で調味する。

いかにもヘルシーなこの一品は、いわば「ポテトのお粥《かゆ》」といったところ。小さな子どもからお年寄りまでの万人向き料理です。イタリアではプリモ・ピアット（パスタやリゾットなどの第1の皿）としているものの、魚や肉料理のつけあわせとしても好適。その場合は、1人分を半量にするといいでしょう。

パスタ

口に、胃にやさしい ポテトのお粥

ジャガイモクリーム（クレーマ ディ パターテ）

『タカコ流　オーストリアの幸せな旅』（光文社知恵の森文庫）のなかで、けっこうしつこ〜く書いてしまったジャガイモ料理。でも、みなさんから、想像以上の賛意を得て、うれしい限りです。「ジャガイモって、本当においしいですよね」の声が多く、我が意を得たり、とよろこんでいます。

イタリアには『Dimagrire ディマグリーレ』という月刊誌があります。直訳すると『やせる』です。2004年12月号の付録が、『Patate Salvalinea パターテ　サルヴァリネア（じゃがいもで体型キープ）』でした。タイトルに添えられたキャッチは、「減量のための組みあわせ」。つまり体重ダウンに効果的な調理、というわけです。

そのなかで紹介されていたレシピのひとつがこれ。１人分、わずか225カロリーながら、パスタがわりの料理となります。

材料１人分

- ジャガイモ……中２個
- ブイヨン……500ml
- ヨーグルト……125g
- イタリアンパセリ（みじん切り）……大さじ１
- 塩……適宜

野菜料理

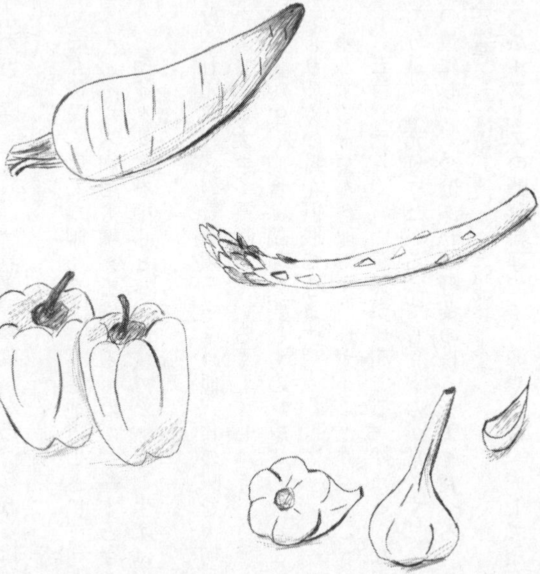

「地中海料理」の代表ともされるイタリアンが注目されるようになって、もう長い年月がたちます。ここまで評価を得た理由のひとつとして、「野菜の多食」があげられるはずです。

フランス、ドイツなどと同様、いまだ農業も盛んな国イタリア。各地方ごとに、旬《しゅん》の食材生産が続けられています。もちろん、ハウス栽培も増えてはいるものの、基本となるのは、自然の恵みを受けての野菜作り。南イタリアを中心とした地域でのトマト生産は、太陽あってのおいしさとされます。

ズッキーニ、ピーマン、ナス、ほうれん草などの青菜類……その他、旬の味を大切にした野菜料理は、イタリア人の健康キープにも大きく貢献していることでしょう。

サラダと野菜料理が異なるのは、前者が生、後者は調理を要してのレシピとなることが多いこと。よって、後者のほうが、より多くの量を摂取できます。

最もいい例が、ほうれん草《スピナッチ》をはじめとする青菜の料理です。わずかふたりぶんのコントルノ（つけあわせ野菜）用の場合でも、五百グラムぐらいが必要。茹《ゆ》でる、炒《いた》める、などの加熱調理となるため、そのくらいの分量でも充分にたいらげてしまうのが常です。メインディッシュの魚や肉料理は控えめの量にして、つけあわせ野菜のほうをよく食べる。そんなイタリア人がけっこういて、「体に悪いわけがない」と痛感します。

コントルノだけの利用ではないのがイタリアの野菜料理です。卵やハム、チーズなどの蛋白質《たんぱくしつ》を含んだ食材といっしょのレシピなら、軽食メニューとしても好適。あるいは、メインディッシュとして登場させてもいいでしょう。
ここで紹介の野菜レシピの数々は、あくまでも一例の食材です。ほとんどのレシピが、驚くほどのシンプル調理。他の野菜でも活用できるメニューが多いため、各自のアイディアでアレンジしてみてください。

作り方

① トマトを半分に切り、耐熱鍋に並べる。

② チーズを薄めにスライス、あるいは角切りして、各トマトに均等量をのせる。

③ 180度のオーブンにて、チーズが溶けるまで調理する。

　ああ、やはり罪悪感。こんなイージーきわまりないレシピを紹介してよかったのか否か……。でもね、お味はバカにしたものではありません。しっかりと、地中海のテーストになるうえ、メインの一品としても楽しめます。好みで、塩、コショーをかけたり、バジルを添えていただいてもごきげんです。

　たぶん、電子レンジでも調理が可能。オーブンより、さらにスピーディな仕上がりとなるでしょう。トマトを他の野菜に変えてもイケるかもしれませんね。いろいろ工夫をして作ってみてください。

野菜料理

カンタンでもバカにしてはいけないお味

ポモドーリ アル フォルマッジィオ

カンタン、などのレベルをはるかにこえ、めっちゃカンタン＆チョー素朴なのがタカコのレシピです。特に私のＨＰでご紹介するのがいい例。作り方など無きに等しいほどのイージーさに、我ながら「いいのだろうか、こんなのばかりご披露して……」と不安になるほど。

ところが、ＨＰのレシピ、けっこう好評みたいなんですね。「いつも活用させてもらっています」のレターがドドドッと届きます。「カンタン、おいしい、の料理がいちばん。タカコさんのレシピは、まさにそんなイタリアンばかり」と。そっかー、よろこんでもらえてるのか。素直に受けとることにいたしましょう。

お調子に乗りやすい私。よーし、とばかりにカンタンのトドメ、と言うべきレシピを公開しちゃいます。たぶん、これ以上に手抜きなイタリアンは他にないことでしょう。

料理名は「チーズがけトマト」。「トマトのチーズがけ」でもいいですね。４人分の材料だと、大きめのトマトを４個、モッツァレッラか溶けるチーズ150g。それだけです……。

なーんか恥ずかしいながら、作り方ごときを記します。

作り方

① 玉ネギと人参をみじん切りにする。

② ブイヨンを加えて、①を５分間煮る。

③ グリンピースも入れ、さらに20分間煮込む。冷凍、あるいは缶詰のグリンピースの場合は10分間くらい煮てから柔らかさかげんを試す。

④ 火を止め、オリーブオイルと塩をかけ、よく混ぜ合わせる。

⑤ 大きな器に盛って各自好みでとりわけるか、メインディッシュのつけあわせとして添える。

ポイントは玉ネギと人参のみじん切り、そしてブイヨンでの煮込み作業。シンプルなグリンピース味も美味ながら、たまにはこんな味わいもおしゃれです。

もっとリッチに仕上げ、主菜代わりにしても楽しめるのが、ハムやベーコン入りのストゥファーティ（煮込み）。細切れにしたものを、レシピ③のグリンピースと共に加えます。イタリアではパンチェッタ（豚肉の塩漬け）を使うのが人気。コクの深い料理となります。

ハム類が入っていてもいなくても、パスタ用ソースとして利用できるのもうれしい。少し多めに作っておいて、コントルノ、及びパスタ料理として利用するといいでしょう。炊きたてのごはんといっしょに食べてもオツかもしれませんね。

野菜料理

バリエーションも可能な便利レシピ

グリンピースと人参の煮込み（ピセッリ エ カローテ ストゥファーティ）

日本では、いつごろが旬のグリンピースでしょう。ここイタリアの家庭では、冷凍や缶詰のグリンピースを利用して、よく作るのがこの一品。人参《にんじん》といっしょの煮物です。ちなみにピセッリとはグリンピースのこと。人参はカローテとなります。コントルノ（つけあわせ野菜）として最適のヘルシーメニューなので、覚えておくと重宝します。

材料４人分

- 玉ネギ（中）……¼個
- グリンピース……250g
- 人参……300g
- 野菜のブイヨン……200cc
- オリーブオイル……大さじ1
- 塩……適宜

作り方

① パンチェッタ（あるいはベーコン）を１cm弱の角切りにする。ニンニクはスライスしておく。

② フライパンにオリーブオイルを熱し、①を入れて色づくまで炒める。

③ 冷凍グリンピースを加えて炒める。

④ ブイヨンも入れ、弱火で数分間調理する。

⑤ 塩、コショー、イタリアンパセリを入れてサッと混ぜる。

　グリンピースがベースとはいえ、かなりリッチな野菜料理。パンのみならず、ご飯にもあうし、パスタの具としてもイケます。
　さらなる風味を出したかったら、②のあとに白ワインを大さじ１杯入れるといいでしょう。大人むきの食通の味へとグレードアップします。
　お子さま用としては、ニンニクを除いたほうが無難かもしれません。また、オリーブオイルをバターに変え、仕上げに少々の生クリームを入れるのも子どもの舌にはなじむことでしょう。
　冷凍のグリンピースは、常に１箱常備していると大変便利。特にトスカーナ地方では、食卓によく登場する食材となっています。

野菜料理　トスカーナ地方の家庭のお味いっぱい！

フィレンツェ風グリンピース
（ピセッリ アッラ フィオレンティーナ）

他ページに登場のシチリア風に対抗して、というわけではありませんが、趣向を変えてのフィレンツェ風メニューはいかがでしょうか？　イタリアではつけあわせの一品として出されるものの、けっこうボリュームある野菜料理です。ちょっとした主菜にもなることでしょう。

材料４人分

- 冷凍グリンピース……400g
- パンチェッタ（豚の塩漬け）かベーコン……50g
- ニンニク……1片
- イタリアンパセリ（みじん切り）……大さじ1
- オリーブオイル……大さじ3
- ブイヨン……30ml
- 塩、コショー……適宜

・乾燥唐辛子……………………………………………1本
・辛口白ワイン……………………………………………50cc
・オリーブオイル…………………………………………40cc
・塩…………………………………………………………適宜

作り方

① ニンニクを軽くつぶし、唐辛子は半分に切っておく。

② フライパンか鍋でオリーブオイルを熱し、弱火で①をサッと炒める。

③ 白ワインを加え、2分間煮る。

④ 汁気を除いたインゲン豆を入れ、オレガノも加えて木ベラで混ぜあわせる。

⑤ 1～2分間煮た後、塩少々で味つけをする。

　激辛好きのかたなら、唐辛子の本数を増やしてもけっこう（種入りがよりピッカンティ）。ゆるやかな辛め味にしたいなら、種ぬきの唐辛子を半分量にしておきましょう。
　イタリアでは、白インゲン豆で作ることが多いこのコントルノ。けれども、ウズラ豆、ひよ子豆にしてもまたよし。いろいろトライしてほしい豆料理です。

野菜料理　辛党におすすめのコントルノ

ピリ辛のインゲン豆
（ファジィオーリ ピッカンティ）

手作り料理が基本のイタリア家庭ですが、缶詰の食材利用は少なくありません。各家庭で常備されているのがトマト缶。フレッシュトマトの味が落ち、また、プライスもアップする冬場には、むしろ缶詰トマトにて調理されるほうが多いのです。次に愛用されている缶詰はファジィオーリ。インゲン豆のことです。軽めの塩味にて煮たものが、ボックスに入れられ、市販されています。昨今は、日本でも入手できることでしょう。

この缶詰は非常に便利。スープ類に入れてよし、トマトピューレと共に調理しても美味。あるいは、ただ加熱したものに、オリーブオイルとヴィネガーを加えていただくのもオツなものです。イタリアでは、コントルノ（つけあわせ料理）としてポピュラーな人気ディッシュになっています。

ここでは、オレガノ味も香ばしい、ピリ辛仕立てを紹介しましょう。ピッカンティとは、「辛い」の意味です。

材料４人分

- インゲン豆の缶詰 ……………… 600g
- ニンニク ……………… ２片
- ドライオレガノ ……………… 小さじ１

④ 耳タブくらいのやわらかさにまとまったら、打ち粉をした台（まな板、その他）に移して、手で丸くまとめる。

⑤ 片手ぶんぐらいずつとりわけ、直径2cmくらいの棒状に伸ばす。

⑥ 約2cmの長さにカットして、フォークの内側を使って筋目をつける。

これでベーシックなニョッキのできあがり。湿気、ジャガイモや小麦粉の質などにより、微妙な差が生じるのがふつう。よって、小麦粉の量は、そのつど調整してください。要は、耳タブくらいのやわらかさにまとめるのがコツです。

また、⑥の作業は、あくまでも形づけ。筋目をつけなくても、お味に変わりなし。省略してもかまいません。

作ったニョッキは、ボイルドしたタップリの熱湯に塩少々を入れてから茹でます。すぐ浮き上がってくるので、約2分後、すくってザルにとりましょう。

アツアツのニョッキには、シンプルなバターのみの味つけ、あるいは、トマトソースがよく合います。なかには、「そのまま食べてもおいしい！」という人だっているほど。素うどんならぬ「素ニョッキ」ですね。オリーブオイル、あるいは、好みのチーズをからめてもよし。工夫しだいで、さまざまなニョッキ料理を味わえます。

野菜料理

マスターしたいベーシックなレシピ

基本のニョッキ

ジャガイモやカボチャ、その他の野菜をゆでてつぶし、小麦粉と卵を加えてダンゴ状にしたものがニョッキです。消化良し、のどごし良しのヘルシーな家庭料理といえるでしょう。ちょっとしたコツさえつかめば、だれだって、簡単に作れるのがニョッキ。まずは、最もシンプルな基本のレシピからマスターしてください。マッシュポテトがベースのニョッキです。

材料４人分

・ジャガイモ……………………………………………………600g
・小麦粉（薄力粉）……………………………………………200g
・卵黄…………………………………………………………２個分

作り方

① 皮をむいたジャガイモを、３～４cmの角切りにして、やわらかく茹でる。

② 水気を切ってから再度火にかけ、熱いうちに裏ごしをしてマッシュポテトにする。

③ 卵黄を混ぜてから、小麦粉を少しずつ加えて、木ベラで合わせる。

作り方

① ジャガイモの皮をむき、薄くスライスする。

② 耐熱皿にスライスしたジャガイモを並べ、おろしたチーズ、牛乳、塩を加える。

③ さらに、バターを細かくきざんで乗せる。

④ 180度のオーブンで40分焼き上げる。

茶色く焦げ目がついたら、調理完了のこの料理。同じ180度でも、オーブンの性能によって、仕上がり時間に差が生じます。30分くらい経過したら、焼き上がり状態を確かめてください。

当然ながら、電子レンジでも作れることでしょう。他のイタリア人なみに、「チン」を持たない我が家。所要時間などは不明です。ジャガイモの焦げぐあいも、オーブンよりは軽くなるかもしれません。それはそれで、ソフトな仕上がりとなることでしょう。

野菜料理

イタリア版のポテトグラタンもまたよし！

ジャガイモのパイ（パスティッチョ ディ パターテ）

ジャガイモのモコモコしたところが苦手だった私です。ところが、フランス、イタリア暮らしで大変化。ジャガイモが欠かせない日々となっています。なかでも、いちばん好きなポテト料理は、ごくごくシンプルなロースト。角切りしたジャガイモに、ローズマリーとセージのハーブを添え、オリーブオイルをかけてオーブンで焼くコントルノ（つけあわせ野菜）にクレージー。このポテト・ローストさえあれば、肉や魚などのメイン料理は不要なほどです。頻繁に作っては、ついつい食べすぎるありさま。それでも、決して飽きないのが不思議です。

ただ、時には、別のジャガイモ料理にすることだってあります。パイふうに仕上げたのがこのレシピ。いわば、ポテト・グラタンながら、イタリアではこのようなネーミングもつけられています。

材料４人分

・ジャガイモ（皮つきで）……800g
・パルミジャーノチーズ……50g
・牛乳……200cc
・バター……大さじ1
・塩……適宜

作り方

① ズッキーニを２～３㎜ぐらいにスライスする。

② フライパンでオリーブオイルを熱し、つぶしたニンニクを入れ、軽く焦げめがつくまで炒める。

③ ズッキーニを加え、サッと炒める。

④ 弱火にして、約10分間フタをしたままおく。

⑤ 塩、コショーで味をととのえる。

　③の段階で、ドライオレガノを少々入れたり、⑤でみじん切りしたイタリアンパセリを加えてもいいでしょう。さらに香味がアップします。このズッキーニのソティは、肉、魚のつけあわせにピッタリ。子どもからお年寄りまで向く一品となります。
　ズッキーニをナスに変えてもけっこう。カラーピーマンもいいでしょう。私の好物は、ジャガイモのソティ。薄くスライスして炒めます。４人分として、中２個のジャガイモでけっこう。やや焦げめがつくくらいにするのがマイ・クッキング。オーブンを使ってのローストポテトふうなおいしさが味わえるので気に入っています。

野菜料理　万人向きのソティをどうぞ！

野菜のソティいろいろ

肉や魚に、なにか一品、野菜をつけあわせたいことってありますよね。イタリアの家庭ではどうするか？　てっとり早いのが、オリーブオイルを使っての炒めもの。「やはり、エキストラ·ヴァージンのオリーブオイルがおすすめ」と言うイタリア人が実に多い。一番しぼりのオイルゆえ、ヘルシーでより香ばしいお味に仕上がるからです。

加えて、欠かせないのがニンニク。イタリアでは、つぶしたのをオイルで焦がしてから、好みの野菜を炒めるパターンをよく見かけます。たとえば、こんなぐあい。

材料４人分

- ズッキーニ（やや大きめ）……………………2本
- ニンニク……………………………………1かけ
- オリーブオイル……………………………大さじ3
- 塩、コショー………………………………適宜

作り方

① 人参と玉ネギを細かなみじん切りにする。

② ブイヨンで10分くらい弱火で煮る。

③ ②に米と水を加え、強火にして沸騰させたら、フタをして弱火で煮る。

④ 約45分後、塩・コショーで味付け。熱くした牛乳を加えて、木ベラでゆっくりかき混ぜて仕上げる。

やたらとカンタンなスープながら、お味はなかなか。好みでパルミジャーノチーズのおろしたものや、オリーブオイルを加えるのも一興です。よりイタリアンなお味となります。

人参を他の野菜に変えてもオツなのがこのミネストラ。たとえば、長ネギやキャベツ、カボチャ、ズッキーニ、アスパラガス……などなど、各種の野菜で調理してもけっこうです。牛乳を加えることにより、クリーミーな仕上がりとなるのがポイント。それでいてローカロリーなのもうれしい限り。ダイエットの一品としても利用できます。

こういったミネストラを、毎日欠かさず口にするイタリア人もけっこう存在。健康と美容にもってこいのメニューとして四季を問わずテーブルに登場するのです。イージーなレシピだからこそ、毎日続けるのも可能といえるでしょう。

野菜料理 美と健康キープにおすすめのスープ

お米と人参のスープ
(ミネストラ ディ リーゾ エ カローテ)

かなり日が長くなり、早くも春の訪れを感じる日々。それでも、まだまだ風は冷たく、夕食にはスープのあたたかさがうれしいことに変わりはありません。

冬のあいだ頻繁に味わってきたミネストローネを少しお休みして、今日はこんなスープにしてみましょうか。お米と人参のスープです。ミネストローネのように具だくさんではないため、Minestra（ミネストラ）と呼びます。「小さなスープ」的な意味あいです。

材料４人分

- お米（イタリアでは洗わないまま）……60g
- 人参……300g
- 玉ネギ……中1個
- 牛乳……1カップ
- ブイヨン……半カップ
- 水……1000cc
- 塩、コショー……適宜

作り方

① アスパラの根元部分の硬いところを切り除き、3等分にカットする。

② 10分間塩茹でして水気を切る。

③ フライパンでバターを熱し、アスパラをサッと炒める。

④ 塩、コショーで調味する。

⑤ 皿にアスパラをのせた後、茹で卵をそぼろにして散らす。

茹で卵のそぼろが、ちょうどミモザの花みたい！　色あいもさわやかなおしゃれディッシュとなります。

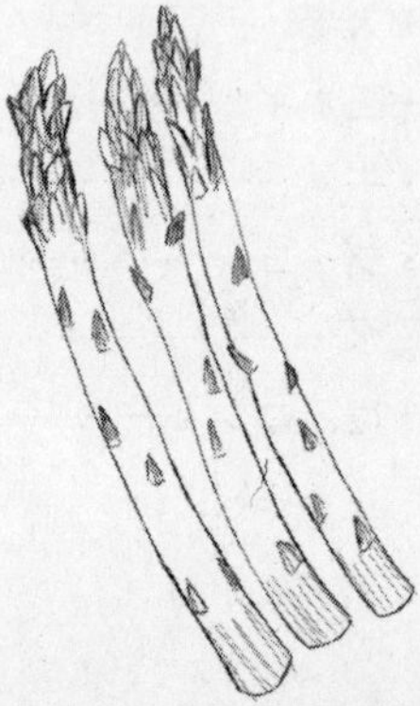

野菜料理　目でも楽しめるおしゃれな一皿

アスパラガスのミモザ仕立て

アスパラガスが肉や魚がわりのメインディッシュになることは、これまでの拙著でも何回か記しました。北伊のベネト地方では、白アスパラに半熟卵がけがとても有名。ひとり10本くらいはペロッと食べてしまいます。

個人的には、白アスパラが好きではない私。なんといっても、グリーンのほうにひかれます。旬の時期だと、メチャ安になるイタリアゆえ、10本といわず、20本くらいたいらげてしまいます。スチーム、あるいは、塩ゆでにしたものを、ストレートに食べるのが最も気に入っています。ときには、マヨネーズをつけたり、オリーブオイルとレモン汁のドレッシングといっしょに。立派な主菜になるのでごきげんです。

日本では、そうそうリーズナブルとはなっていないアスパラ。ひとり10本や20本、というわけにはいかないでしょう。そこで、卵もそえてのボリュームある一品をおすすめ。これなら、少量のアスパラでも、メインの料理として楽しめるはずです。冷凍ものの利用もいいでしょう。

材料２人分

・アスパラガス……………………………10本
・茹で卵…………………………………２個
・バター…………………………………30ｇ
・塩、コショー…………………………適宜

作り方

① かためにに茹でた野菜をこまかく切る。

② ①を大さじ１のオリーブオイルでサッと炒める。

③ ボールに②を入れ溶き卵、ドライオレガノ、パルミジャーノチーズ、塩を加えて、よく混ぜる。

④ 残りのオリーブオイルを入れた厚めのフライパンか鍋を熱し、③を弱火にかける。約30分間で仕上がり。

⑤ 大皿に盛り、ケーキのように切りわけて食べる。

オーブンや電子レンジの利用によっても作ることができるタルトです。オーブンの場合は、180度で約20分、「チン！」はいつものことながら、「私、わかりません」。たぶん、短くていいでしょう。

ハーブ好きのかたには、バジルやイタリアンパセリ、セージなどのプラスもおすすめします。生が理想的なれど、ドライでもけっこう。ただし、ドライセージだけは、ごくごく少量にしておいたほうが無難です。香りが強すぎ、他の食材がだいなしになってしまいますから。

さらにリッチなお味に仕上げたいなら、ハムを入れてもオーケー。ごちそうっぽいタルトになります。

野菜料理

主菜にだってもってこいのボリュームがいい

野菜の卵とじタルト

肉や魚ばかりがメイン料理では、胃にヘヴィだし、飽きてしまうのはイタリア人とて同じ。ときには、野菜や卵だけのセコンド・ピアット（第二の皿、つまり主菜）もいいものです。これから紹介のレシピなら、ボリュームだって充分。栄養のバランスも豊富な一品となります。イタリアでは4人ぶんながら、日本人には数人で食べてもいい分量でしょう。

材料

- 茹で野菜（ほうれん草、ジャガイモ、人参、カリフラワー、その他なんでも）……1kg
- 卵……中5個
- パルミジャーノチーズ（おろしたもの）……100g
- ドライオレガノ……小さじ1
- オリーブオイル……大さじ2
- 塩……少々

作り方

① ジャガイモをややかために茹でる。

② ローズマリーの葉をみじん切りにする。

③ 茹でたジャガイモを角切りにする。

④ オリーブオイル大さじ1で、ジャガイモとローズマリーを色づくまで炒める。

⑤ 卵を溶きほぐし、塩、コショーをしてから④を加える。

⑥ フライパンにオリーブオイルを熱してから⑤を焼く。両面ともに少し焦げめがつく程度に焼くのがコツ。

これ、ケチャップかけてよし、ウスターソースで味つけするのもなかなか。ご飯にもパンにもよくあうカンタンおかずとなります。しっかりと焼くため、丸ごとドカーンと大皿にのせてテーブルに出すと迫力あり。「わー、ごちそう！」との錯覚が生じます。

フライドポテトがあまった時に作ってもいいのがこのフリッタータ。ゆでじゃがとはまた違い、パリッとした舌ざわりを楽しめます。

ジャガイモ以外でもイケるのがイタ版オムレツのいいところ。ズッキーニ、ナス、ピーマン、玉ネギ、などなど。これらの野菜は、オリーブオイルで炒めてから作るのがふつう。あなたなりのアイディアで、いろいろなフリッタータでイタリアンしてみてください。

野菜料理

イタリアのオムレツはアイディアしだい

ジャガイモのオムレツ（フリッタータ ディ パターテ）

今回は、「イタリア版　オムレツ」を紹介しましょう。ふんわり、バター仕上げのフランス式ではありません。フリッタータとは、「フリット（揚げる）」が語源。あくまでも、しっかり焼き揚げるのがイタめしのオムレツです。バター？　いいえ、使いません。イタリアが誇るオリーブオイルで作ります。

フリッタータのなかでも、私がいちばん好きなのがジャガイモ（パターテ）利用。どこか懐かしい味がするし、ボリュームたっぷりなので、メイン料理としても満喫できます。

材料４人分

- 卵……6個
- ジャガイモ……中2個
- ローズマリー……1枝
（なければ、ドライのローズマリーを小さじ1杯）
- オリーブオイル……大さじ2
- 塩、コショー……適宜

作り方

① 玉ネギとポロネギをみじん切りにする。

② ジャガイモを小さめの角切りにする。

③ ほうれん草を大雑把にザク切りにする。

④ 1リットルの水の中に①と②を入れ、塩を少々加えて20分煮込む。

⑤ きざんだほうれん草を加え、さらに10分間煮込む。

⑥ 仕上げに生クリームを入れて軽くかき混ぜ、火を止める。

なんともシンプルなスープでございます。好みでオリーブオイルやパルミジャーノチーズをおろしたものを加えていただくのがイタリアン。たちどころに、おしゃれなスープ味へとグレードアップいたします。

チーズが苦手な私は、手ちぎりしたドライ唐辛子を少々いれるのが定番。塩気を少なくしてピリカラ系スープとして味わうのが常です。生クリームだって、それなりにあうのでフシギ。どんな花冷えの日だって、体がポカポカ。低温も気にならない、というものです。

野菜料理　たまにはこんなスープで
カラダもほかほか

ほうれん草入り田舎風スープ
（ズッパ パエサーナ ディ プチナッチ）

三寒四温の春。四月に入っても、急激な低温に見舞われることも多い北イタリアです。少々お休みしていたミネストローネ作りをスタートしました。そうです。野菜たっぷりのごった煮スープ。大量に調理して、今日はパスタといっしょ、明日はご飯と混ぜて、と楽しみます。

実家の両親は、毎日、このミネストローネを愛食中。もう、３年以上も続けています。そこまでの根性はないし、正直なところ、飽きてしまう私。ときには、テーストの異なるスープが恋しくなります。今日は、こんなレシピを紹介しましょう。ほうれん草入り田舎風スープです。

材料４人分

・玉ネギ……中２個
・ジャガイモ……中２個
・ポロネギ（長ネギでもよし）……１本
・ほうれん草……300g
・生クリーム……大さじ２
・塩……適宜

作り方

① ナスを1cmぐらいの角切りにする。塩をかけた後、オリーブオイル大さじ4で炒める。

② 玉ネギを薄くスライス。大さじ2のオリーブオイルで軽く焦げめがつくまで炒める。

③ セロリをやや柔らかくなるまでボイルド。その後、小口切りにする。

④ すべてを混ぜあわせ、5分間おいて味をしみこませる。

⑤ 塩、コショーで味つけをする。

けっこうボリュームある野菜料理の仕上がり。パルミジャーノチーズのすりおろし、あるいは、モッツァレッラの角切りなどを加えれば、メインディッシュとしても最適です。

パスタのソースとしてもなかなかオツ。ショート、ロング、各種のパスタにピッタリあいます。

ナスをズッキーニにかえて作ってもみました。これがまた、けっこうな一品。角切りではなく、輪切りがよりむくことがわかりました。ドライのオレガノを少々かけてのひと工夫。ハーブの風味が野菜とマッチ。おしゃれなコントルノに生まれ変わったものです。

バジルやイタリアンパセリ、その他、好みのハーブでいろいろなパターンを楽しんではいかがでしょうか。

野菜料理　ときには力強い野菜料理も欲しい

ナスとセロリのフライパン仕上げ
（パデッラータ ディ メランザーネ エ セダノ）

なにかもう一品欲しい。そんなときってあるものです。イタリアでなら、こんな感じ。

──うーん、そうだね。コントルノ（つけあわせの野菜）があると申しぶんなし。

生野菜のサラダもいいけれど、もっと力強いベジタブル料理にしたい。特に、淡白な魚や肉メニューのときにおすすめのレシピです。

材料

・ナス ……………………大２個（日本の長ナスなら４個）
・玉ネギ ……………………………………………中１個
・セロリ ……………………………………………２本
・オリーブオイル ……………………………大さじ６
・塩、コショー ………………………………………適宜

す。仕上げには、きざみイタリアンパセリをパラパラ。塩、コショーで調味します。コショーではなく、唐辛子にしてもいいですね。酒のつまみ、前菜、ご飯のおかずはもちろんのこと、お弁当用の一品としても役立ちます。

茸の季節なら、エリンギに限らず、各種の茸で試していただきたいオリーブオイル使いのメニュー。2～3種の茸で楽しんでもいいでしょう。

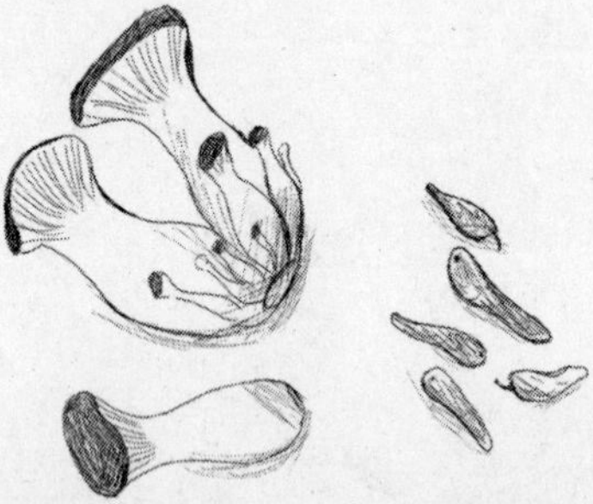

野菜料理　ポイントはオリーブオイル使い！

エリンギの松茸ふう、その他

2004年7月に出た『イタリアンのシンプルレシピ』（オレンジページ社）のP44を目にして、我が母がひとこと。「まー、これが料理？　ずいぶんとバカにしてるんじゃないの？」。失礼な！　でも、言わずもがな、の感ありです。だって、エリンギをまっぷたつにカットして、オリーブオイルで焼いただけなのですから。ポルチーニ茸《だけ》よろしく、レモンをキュッと絞っていただきます。

これがまあ、イケるんですよ、なかなか。憎まれぐちをたたいた母でさえ、今では病みつきの「手抜き、ド簡単料理」として活用しています。

この年の秋にも帰国した私。いつも拙著を応援し続けてくださる女性実業家Aさんの御招待ディナーでは、旬の松茸も満喫しました。炭火焼きのシンプルさが、最上のお味。日伊ともども、やはり、シンプルがいちばん、と再確認したものです。

そうだ！　エリンギでもやってみよう。若干薄めにスライスして、グリル焼きしてみました。これに塩をパラパラ。「ン？　ダメかな？……」。松茸とは、かなり遠いお味です。オリーブオイルを少したらしてみました。大正解！　コク深い茸《きのこ》メニューとなったものです。

エリンギとオリーブオイルの相性ってバツグンなのだろう。そう再認識した私。次は、やはりスライスしたものを、オイル炒めしてみました。コツは、ニンニクの使用。つぶしたニンニクをオイルで熱した後、エリンギを炒めるので

作り方

① ブロッコリーの茎のかたい部分を除いたあと、小株に切る。

② 約5分間、塩茹でしてザルにとる。

③ ハムを小さく角切り、あるいは粗く千切りにする。玉ネギは薄くスライスする。

④ フライパンにバターを熱し、玉ネギをサッと炒める。

⑤ ハムとブロッコリーを加え、弱めの中火で10分ほど炒める。

⑥ 塩で調味する。

たまには、このようなバター仕上げの野菜料理もオツなもの。ブロッコリーのサッパリテーストをひき立てます。

さらにテースティにしたかったら、⑤の前に辛口白ワインを少々入れるといいでしょう。パンによし、ご飯にピッタリの一品となることうけあいです。

野菜料理　美容にもいいブロッコリーを
たくさん召し上がれ！

ハム入りブロッコリー
（ブロッコリ アル プロシュット）

ブロッコリーのルーツがイタリアだということ、ご存知でしたか？　南伊が原産地だそうです。ビタミンCがとても豊富なこの野菜。パスタとも相性がよいことで知られています。

いちばん手軽なブロッコリー料理は、スチーム、あるいは塩茹ででしょう。つけあわせの一品として最適です。ところが、私はあまり好きじゃないときています。他の食材は、よりシンプルに食べるのが気に入っているのに……。ブロッコリーに限っては、他の食材と調理するほうがおいしいと感じるのです。

たとえば、ハム入りの一品などだとごきげん。いくらでも口に入ります。ボリュームが増すため、主菜として登場させてもいいでしょう。

材料４人分

- ブロッコリー……800g
- ハム……600g
- 玉ネギ……半個
- バター……30g
- 塩……適宜

作り方

① ナスを５㎜ぐらいにスライスする。

② 色よく仕上げたいなら、塩水にナスをつけて、アク抜きをする。

③ ニンニクはみじん切り、モッツァレッラは小さめの角切りにする。

④ オリーブオイルでナスを焼く。

⑤ 焼き上がったナスに塩、コショーをふり、ニンニクをのせる。

⑥ トマトピューレをのせ、その上にモッツァレッラをおく。

⑦ バジルの葉を手ちぎりしてのせる。

　モッツァレッラがないときは、粉チーズの代用でもかまいません。パルミジャーノが好ましいものの、他の粉チーズにしてもよし。イタリアでは、モッツァレッラとパルミジャーノのおろしたてのダブル仕上げにするパターンも少なくありません。さらに、食べる直前に、オリーブオイルをタラ〜リ。なんともリッチな料理となります。

　熱いままでもいいし、冷めてからだとさらに滋味深くなるのがうれしいメニュー。ホームパーティのカナッペ的なおつまみあるいは、お弁当のおかずとしてもいいでしょう。ご飯、パン、どちらにもよくあう一品ともなります。

野菜料理

多用途の一品となるのがうれしい！

ナスのピッツァふう

　前菜によし、主菜としても重宝する一品があると、大変に便利です。このメニューがいい例。オリーブオイルでフライパン焼きしたナスに、ニンニクのみじん切り、トマトピューレをかけ、モッツァレッラをのせたもの。四季を通しての一品としても利用できます。

材料４人分

- ナス……長ナスなら４個
- トマトピューレ……大さじ８
- ニンニク……２片
- モッツァレッラ……150g
- オリーブオイル……大さじ６
- バジルの葉……数枚
- 塩、コショー……適宜

魚介料理

島国ではないものの、海に囲まれているイタリアです。日本に負けないくらいの魚介類に恵まれているのもうれしい状況。南北に伸びた半島ならではのシーフード料理を満喫できます。

日本と異なるのは、原則として刺身の類がないこと。ほとんどの魚介料理が、オリーブオイル、その他の調味料、食材と共に加熱されて作られます。

ベーシックな調理法をマスターしてしまえば、たちどころに地中海テーストに仕上がるのがイタリアの魚介料理です。ニンニクやハーブ類を上手に利用。海の香りをよりひきたたせる味が、我々日本人の口にもよく合います。

ここでは、日本の各地でも入手しやすいお手軽魚介類を使ったレシピばかりをあげてみました。どれも、和風の調理より簡単そのもの。失敗のないクッキング法となっています。内臓の処理などは、調理バサミですませてしまうのがイタリア式。日本では魚介類を捌《さば》けなかった私ながら、ハサミ使用を知って以来、気軽に下ごしらえもできるようになりました。

想像以上に便利、そして重宝するのが、オーブン利用の調理法です。最小限の下準備をして、あとはオーブンに入れるだけ。これほど手間なしの料理法はありません。それでいて、かなり御馳走《ごちそう》ふうなでき上がりとなるから不思議。本格的なイタリアンが完成するのです。

魚介類レシピによく登場の白ワインにも注目していただきたい。素材の味をひきたたせる辛口の白ワインにすることが大きなポイント。調理用の白ワインより、飲料用のものをおすすめします。料理への使用は多量でなし。調理後は、食事時のアルコールとして楽しめるので一挙両得。良質ワインで作る魚介類は、やはり上質のお味となります。

作り方

① マグロをきれいに洗い、充分に水気を取った後、軽く塩をふる。

② トマトを湯がいてから皮をむき、大雑把にみじん切りにする（缶詰のボイルずみトマトの利用も可）。

③ 玉ねぎとピーマンをスライスする。

④ すべての野菜をあわせ、塩味をつける。

⑤ 大きめにカットしたアルミホイルを4枚用意。中央にマグロを置く。

⑥ マグロがかくれるように④の野菜を均等にのせる。

⑦ オリーブオイルと白ワインをかける。

⑧ アルミホイルをとじ、180度のオーブンで45分くらい焼き上げる。

いつものことながら、電子レンジでの調理なら、時間を短縮してください。また、スチームで作るのもけっこう。その場合は、オーブン同様の所要時間となります。

おいしく仕上げるポイントは、新鮮なマグロを選ぶと同時に、辛口の白ワイン、上質オリーブオイルを利用すること。レモンを絞って召し上がってください。

魚介料理 本格派の魚料理ならこれ！

ピーマンとトマトのマグロ料理

イタリア家庭に常備の缶詰のひとつが、Tonno sott'olio（トンノ　ソットオリィオ）。いわゆる「ツナ缶」です。なぜか、日本製よりはるかに美味。ことに、上質のオリーブオイル漬けなどなおさらです。サラダに、パスタ料理、前菜、はたまたパニーニ（イタリア式サンドイッチ）の具用にとフル活用されています。

Tonno とはマグロの意味。生食用のものもあって、こちらは日本よりハイプライス。御馳走料理として利用されることが多いのです。日本なら、けっこうお手軽プライスのマグロ。こんなイタリアンでテーブルにだすのもいいのでは？

材料４人分

・厚めのマグロの切り身……………………４切れ
・ピーマン……………………………………小３個
・トマト………………………………………中３個
・玉ネギ………………………………………小１個
・白ワイン……………………………………大さじ２
・オリーブオイル……………………………大さじ１
・塩……………………………………………適宜

作り方

① 玉ネギをスライスして、オリーブオイルで色づくまで炒《いた》める。

② 白ワインを加えてサッと炒めたあと、トマトピューレも入れる。

③ 沸騰したらタラを入れ、フタをして弱火で約15分煮る。

④ 塩で調味をした後、パセリを加えて火を消す。

だれにだってできるイージーなイタリアのペッシェ（魚）料理。それでいて、来客用のおしゃれなメニューとなるのがうれしい。もっと地中海ぽいお味に仕上げたいなら、ニンニクのスライスも加えて炒めるといいでしょう。私なんか、2カケラくらいのニンニクで作ることもあります。オリーブオイルで炒めると、ニンニクが香りよいアクセントとなるから不思議です。

白ワインはなるべく辛口のものを使いましょう。調理用には甘口ワインが不向きなことが多いイタリア料理。妙なお味が舌に残ってしまいます。白身魚のみでなく、イワシやサバなどの青身魚にもむくのがこのレシピ。ぜひともお試しください。

魚介料理　辛口ワインでスピーディに作る！

タラのトマトソース煮

白身の魚は大好きなものの、タラだけは例外。もうひとつ「おいしい！」と感じない私でした。ところが、イタリアンにすると別。この国でトマトソース煮を食べたとたん、いっぺんでお気に入りのメニューとなりました。ちなみに、タラのイタリア語は、nasello（ナゼッロ）です。

ごくごく簡単なレシピであるだけじゃなく、多くの魚でも代用できるのが重宝。ぜひ覚えていただきたい一品と言えるでしょう。

材料４人分

・タラ……………………………………………………４切れ
・玉ネギ ………………………………………………中１個
・トマトピューレ ……………………………………400cc
・白ワイン………………………………………………100cc
・パセリのみじん切り ………………………………大さじ２
・オリーブオイル ……………………………………大さじ２
・塩…………………………………………………………適宜

作り方

① サバの内臓を除き、きれいに洗ってからよく乾かす。

② オリーブオイル大さじ１杯を熱したフライパンに、ニンニク、唐辛子を丸ごと入れ、少し焦げめがついたら、トマト缶を汁ごと加える。木ベラでくずしながら炒め、約10分間中火にかける。さいごに塩で調味する。

③ サバの腹部にドライタイムをすりこむ。塩、コショーを表面につけた後、小麦粉をまぶす。

④ オリーブオイル大さじ５を入れたフライパンで、サバの両面を焼く。

⑤ 焼けたサバの上に②のトマトソースを加える。弱火で10分間調理する。

⑥ 火を止める直前にパセリのみじん切りをふりかける。

トマトがサバの脂身にしっかりマッチ。味噌煮ほどではないにしろ、けっこうなおかずに仕上がります。炊きたてのご飯といっしょに味わってもいいでしょう。

魚介料理

脂身のあるサバにはトマト味がピッタリ

サバのトマト煮

私の大好物の和食メニューに、「サバの味《み》噌《そ》煮《に》」があります。子どもの頃からのお気に入りのお味ながら、ずいぶんと長らく口にしていません。サバはイタリアにあるものの、味噌は手に入らないから。手間暇を要する調理となるので、帰国しても、母に「作って」とは頼んでいません。

その点、イタリアならすごくアバウト。サササッと手軽に作れるので便利です。他の魚の煮込みと違い、白ワインも使わずに作ります。

材料４人分

- サバ（小）……………………………………４尾
- ホールトマトの缶詰 ……………………………1缶
- ドライタイム ……………………………小さじ1
- 赤唐辛子 ……………………………………1本
- ニンニク ……………………………………２かけ
- 小麦粉……………………………………大さじ２
- オリーブオイル ……………………………大さじ６
- パセリのみじん切り ………………………大さじ1
- 塩、コショー ……………………………………適宜

作り方

① ナスとトマトを1cmぐらいの角切りにする。

② 鍋にオリーブオイルを熱し、つぶしたニンニクを炒める。

③ ニンニクが色づいたら、ナスとトマトを入れて炒める。

④ 手ちぎりしたバジルを加えてサッと混ぜあわせたら、白身魚を入れる。フタをして弱火で15分くらい煮る。

⑤ 塩で調理する。

仕上げにみじん切りのイタリアンパセリを加えたり、オリーブの実を入れてもいいでしょう。ナスとトマトに魚の味がしみこみ、ご飯にもよくあうメニューとなります。

この料理のポイントは、ナスとトマトの角切り。同じ大きさにすることで、よりスピーディな調理が叶います。トマトは煮くずれてしまうものの、ナスの角切りは残るのも特徴。見た目にもなかなかオツな一品となります。白身魚に限らず、イワシやサバなどを使ってみてもけっこうです。

魚介料理

お野菜もたっぷり摂れる魚メニュー

ナスとトマトの白身魚

日本同様、イタリアもナスを多食する国です。前菜によし、パスタ用のソースの具にもよし。そして、魚や肉料理といっしょの食材としてもむいています。メカジキ、その他の白身魚利用のナス料理はいかがでしょう。夏場に限らず、どの季節にもよくあうヘルシーなレシピといえます。

材料４人分

・白身魚 ……………………………… ４切れ
・ナス …………………………………300g
・完熟トマト（中） ……………………… ２個
・ニンニク ……………………………… 1かけ
・バジル ……………………………… ４～５枚
・オリーブオイル ………………………大さじ４
・塩………………………………………適宜

作り方

① マグロを２㎝角ぐらいに切る。ピーマンを乱切り、玉ネギは粗いみじん切りにする。ニンニクはつぶしておく。

② 鍋にオリーブオイルを熱し、ニンニクと玉ネギを入れて、色づくまで炒める。

③ ピーマンも加え、弱火で10分弱炒める。

④ トマトを手や木ベラでつぶしながら入れ、汁も加える。

⑤ マグロ、ドライバジルを入れ、15分間煮る。

⑥ オリーブの実も加え、さらに10分間煮込む。

⑦ イタリアンパセリのみじん切り、塩、コショーで調味する。

かなり本格的なレシピながら、調理は至って簡単。トッピングに、バジルかイタリアンパセリの葉をそえるとキマります。マグロを他の魚に変えてもよし。また、豚肉の利用もよくマッチのレシピです。カラーピーマンがなかったら、緑でもけっこう。臨機応変に作ってみてください。

魚介料理　応用のきく魚料理にトライされたし

マグロの煮込み（スペッツァティーノ ディ トンノ）

地中海のお味というと、どんな料理をイメージしますか？　私はどうしても、魚介類メニューがまっさきに浮かびます。トマトやハーブなどで煮込んだこの一品なども、まさにいい例といえるでしょう。

スペッツァティーノとは、正確に訳すと「小口切りにした煮込み」。トンノは「ツナ」、マグロのことです。野菜をタップリ使い、ハーブといっしょに作るヘルシーな一品。ご飯にもよくあうレシピだと思います。

材料４人分

- マグロ（かたまり、あるいは切り身）……500g
- カラーピーマン（赤か黄色）……中１個
- 玉ネギ……小１個
- ニンニク……２片
- トマトの缶詰……１缶
- グリーンオリーブの実（種なし）……100g
- ドライバジル……小さじ１
- イタリアンパセリ（きざんだもの）……大さじ１
- オリーブオイル……大さじ４
- 塩、コショー……適宜

作り方

① 玉ネギを薄くスライスして、オリーブオイル、水とともにとろ火で煮る。

② 玉ネギがやわらかくなったら火を止め、冷ましておく。

③ 耐熱容器に魚を並べ、②をかける。

④ さらにトマトピューレを加え、塩をふる。

⑤ 白ワインも加え、180度のオーブンで20分焼く。

⑥ 調理後、イタリアンパセリをかける。

ね、イージーなクッキングでございましょ。それでいて、地中海の魚レシピそのもの。オリーブの実もいっしょに入れての調理だと、さらにイタリアンしてくることでしょう。

白身魚のみならず、肉の切り身で作ってもいいかもしれません。トリのササミ、豚ヒレ肉だと、ローカロリーなことこのうえなし。ダイエットメニューとしても好適です。

トマトピューレがなかったら、缶詰の利用でもけっこう。その場合は、ホールトマトをくずし、汁ごと15分くらい弱火で煮てください。これでトマトピューレの代用が叶います。少しトマトのかたまりがあるくらいでオーケー。むしろ、よりナチュラルなテーストがして私は好きです。

③の作業どき、バジルやオレガノなどのハーブを加えるのも一興。いろいろ工夫して作ってみてください。

魚介料理　地中海テーストを呼ぶ魚レシピ

白身魚のオーブン焼き

カジキ、タラ、サワラ……その他、各種の白身魚を使って調理ができるイタリア料理を紹介しましょう。オーブンの利用ながら、電子レンジでもかまわないはず。調理時間のみをコントロールして作ってみてください。

材料４人分

- 白身魚の切り身……………４切れ（１切れ100gぐらい）
- 玉ネギ……………………………………………………中１個
- トマトピューレ……………………………………………300ml
- イタリアンパセリ（みじん切り）……………………大さじ１
- 辛口白ワイン………………………………………………100ml
- オリーブオイル……………………………………………大さじ１
- 水……………………………………………………………大さじ１
- 塩……………………………………………………………適宜

作り方

① ニジマスの内臓を除き、きれいに洗う。水気を取った後、小麦粉を軽くまぶす。

② 大さじ２のオリーブオイルを熱し、ニジマスをこんがり焼き上げる。

③ みじん切りの玉ネギ、つぶしたニンニクをオリーブオイル大さじ１で炒める。

④ トマトピューレ、白ワインを加えて、混ぜあわせる。

⑤ ５分間煮込んだ後、②のニジマスを加える。

⑥ ニジマスが充分熱くなったところで塩を入れて火を止める。

地中海料理そのものの一品ながら、作り方はいたって簡単。このレシピをマスターすれば、他の魚肉料理にだって利用できるのがうれしい限り。私はよく、鶏肉を使って作ります。食材によっては、ソースが汁気不足となることもあります。水、あるいはブイヨンを加えて仕上げてください。満足のいく主菜となるはずです。

最後にパセリのみじん切りをかけるとなおよし。色合いのみならず、お味もグーンとアップします。オリーブの実をプラスしてもいいでしょう。アイディアしだいで何パターンものトマトソース味料理となります。

魚介料理 だれにでもマスターできる お気楽レシピ

トマト味のニジマス (トロータ アル ポモドーロ)

「健康のため、魚料理をたくさん食べよう」。イタリアでも、さかんに言われていることです。シチリア島やサルデーニア島、ナポリ、ヴェネツィア……その他、海が近い地域ならいざ知らず、山あいの州では、やはり肉が食生活の中心。多くの魚介類がハイプライスなことも関与しているようです。

例外的にお安いのが、イワシ、そしてニジマス。どこでも容易に購入できる魚の代表格、となっています。今回は、ニジマスを使ってのトマトソース味料理にしてみました。トロータというのがイタリア語のニジマスです。

材料４人分

- ニジマス……4匹
- 玉ネギ……中1個
- ニンニク……2片
- トマトピューレ……大さじ3
- 辛口白ワイン……200cc
- オリーブオイル……大さじ3
- 小麦粉、塩……各適宜

作り方

① イカの内臓、目、スミを除く。皮もはがし、何回も水で流して洗う。

② 陶器、あるいは耐熱性鍋を用意。一口大にカットしたイカを入れる。

③ オリーブオイルとつぶしたニンニクを加え、弱火にかける。

④ イカが白くなり始めたら、塩、コショーをしてフタをする。

⑤ 10分ぐらいしたら白ワインを加え、木ベラでサッと混ぜあわせる。

⑥ フタをして、さらに15分くらい加熱。火を消す直前に、パセリのみじん切りを入れる。

鍋ごと、あるいは、大皿に盛ってテーブルに出すと華やかなメニュー。イタリアンパセリの葉を真んなかに飾りつけるといいでしょう。おしゃれなムードが演出できます。

パンにはもちろんのこと、ごはんのおかずともなるのがこの料理。好みでレモンを絞ってかけてもいいでしょう。バルサミコ酢、あるいは、おしょう油をかけても粋。お酒の肴《さかな》としてもよくあいます。

イカのスミが大好物ならば、新鮮なイカでの調理なら、加えてもけっこう。白ワインを入れた後、10分ほどしたら、少しずつ入れていくのがコツです。

魚介料理

イタパセもたっぷりに華やかなイカのメニュー

ヴェネツィア風イカ
（セッピィエ　アッラ　ヴェネツィアーナ）

　四季を通して観光客でにぎわうヴェネツィアは、魚介料理が豊富なことでも有名。日本人の我々の口にもよくあう皿ぞろいです。

　たとえば、イカを使ったこのレシピもいい例。ヴェネツィアでは、セッピィエ　ピッコレ（小さなイカ）を好みますが、ごく普通のイカの利用でもまったくかまいません。手軽にできるうえ、前菜にも主菜にもなるのが便利です。

材料4人分

- イカ……700g
- ニンニク……1カケ
- イタリアンパセリ（みじん切り）……$\frac{1}{2}$カップ
- 辛口白ワイン……100cc
- オリーブオイル……大さじ4
- 塩、コショー……適宜

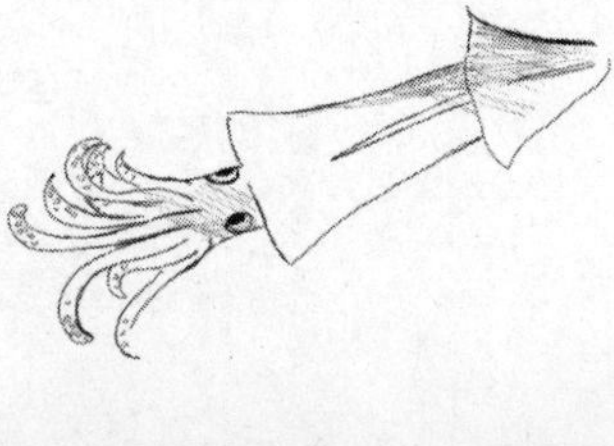

ともかく、カラッと揚げるのが身上。高めの温度で、サッと仕上げましょう。できれば、４〜５種の魚介がほしいミックスフライ。大皿に盛り、華やかさを演出してください。

皿のまわりに、カットしたレモンを添えるのもお忘れなく！　熱いフライに絞りたてのレモン。これぞイタリアのお味でございます。

魚介料理

イタリア版てんぷらは軽さが身上！

フリット ミスト

イタリアにいらしたかたがたに人気のメニューは、やはり、魚介素材がトップの様子。地中海料理としてのイメージも強く、「また食べたい」「日本でも作ってみたい」となるようです。

なかでも、多くの日本人に好評なのがフリット　ミスト(魚介類のミックスフライ)。海老《えび》やイカ、各種の魚をカラッとオイルで揚げたシンプルな料理です。いわゆる、「イタリア版てんぷら」。レモンをキュッと絞っていただきます。

てんぷらと異なるのは、小麦粉の使用が少ないこと。しかも、水溶きはしません。オイルも、てんぷら作りのときよりは、はるかに少ない。「揚げる」というより、「焼き揚げる」に近い調理です。すなわち、てんぷらよりもアッサリめの仕上がり。従って、カロリーもはるかにダウン。和食よりも軽めのイタリアンとなります。

材料、そして作り方の列挙は無用でしょう。なぜって、好みの魚介類に、軽～く小麦粉をまぶし、少なめのオイルで焼き揚げるのみだから。イカ、各種の魚などは、一口サイズにカットするぐらいが下ごしらえ作業となります。

4人分の調理なら、200mlのオイルで充分。サラダオイル、その他、多くのオイルが適しているのもうれしい点です。オリーブオイルでもけっこう。イタリアでは、エキストラ・ヴァージンを使っての調理ケースもマレではありません。てんぷらのように、多くの油を必要としないので、ものすご～い贅沢《ぜいたく》、とはならないでしょう。

作り方

① ハーブが生の場合は細かくみじん切りにする。大さじ1くらいが適量。ドライハーブを利用するなら、トータルで小さじ2を用意する。

② カジキマグロに、オリーブオイルを塗るようにかける。

③ 塩・ハーブを均等にふりかける。

④ 200度のオーブンで20分強焼く。

フォルノ、つまりオーブン焼きのカジキマグロは、こんなイージークッキングこそが美味。レストランでいただくようなお味に仕上がるのでうれしくなります。「チン！」での調理も可能でしょう。所要時間？　私にはわかりません。多くのイタリア家庭同様、電子レンジを持っていないからです。

フライパンで焼きたいなら、塩、ハーブをふりかけたあと、オリーブオイルを熱してソテーしてください。

いずれの調理でも、レモンをキュッと絞って食すのが最上。辛口の白ワインといっしょだと、なおいいでしょう。

魚介料理　シンプル調理もうれしい一品

カジキマグロのオーブン焼き（ペッシェ スパーダ アル フォルノ）

　ペッシェ　スパーダとは、カジキマグロのことです。南伊、特にシチリア島の市場には、新鮮なカジキマグロが丸ごと並びます。客の注文に応じて、好みの厚さにスライスしてくれるのもダイナミック。見ているだけで「おいしそう！」となります。

　海が近くない我が県内では、丸ごとでお目見えすることはなし。それでも、日本よりはずっと厚めにスライスして売られています。料理にあわせ、自由にカット、というわけです。

　日本でもおなじみのカジキマグロ。イタリアでは、かなり高級な魚となっている昨今です。あまり購入はできません。ごくたまに求め、こんなシンプル調理を楽しみます。

材料４人分

- カジキマグロ……………………１枚２cm強のものを４切れ
- ミックスハーブ（ローズマリー、タイム、セージ、ういきょう、など）……………………作り方①参照
- オリーブオイル……………………大さじ３
- 塩……………………適宜

肉料理

イタリアの各地、各州、さまざまな肉料理レシピがあふれています。大別すると、赤肉系（牛肉、豚肉、その他の赤身肉）、白肉系（鶏、七面鳥、ウサギ肉などの白身肉）に分かれます。

ここ何年間かの食事情としては、「脂肪分とカロリーが低めの白肉系を中心にしよう」の声が強いイタリア。より健康にプラスとなる肉類であると主張する専門家も少なくありません。

ただし、赤身の肉がヘルシーでないとは決めつけられないのも事実。肉の質、部分、調理法により、いくらでも体にやさしい一品となるからです。

そんなわけで、賢明なる家庭の料理人たちは、両タイプの肉を上手に使いわけるレシピにしている様子。シンプルな調理法ではあるものの、バラエティある肉料理にすべく工夫を配します。

ここでは、各種の煮込み料理がかなり登場。いっけん、「面倒」という印象を与えるかもしれません。ところが、実は容易なこときわまりなし。レシピをごらんいただければおわかりのように、なんのテクニックも要さないで作れます。

そのわりに、手の込んだイタリアンのようなプレゼンテーション、そしてお味にもなるのがうれしいところ。家庭料理としてのみでなく、来客用のメインディッシュに最適なメニューとなるからです。

野菜をふんだんに使っての肉料理の数々も紹介しています。肉を食べたら、野菜も摂る。

これがヘルシーな食生活のベース思考。バランスの良い食材の摂取を心がけるのも、地中海式食事情のメインテーマとなっています。
肉のみのレシピの際は、必ず、野菜のコントルノを添えたいものです。〈野菜料理〉のページを参考にして、いろいろ組み合わせてみてください。パーフェクトな「イタめし」が味わえます。

作り方

① かたまりのスペアリブなら、骨にそってカットする。

② フライパンでオリーブオイルを熱し、粗くつぶしたニンニク、セージ、肉を炒《いた》める。

③ 肉が色づいたら、トマトピューレを入れてサッと混ぜる。

④ 弱火にして、フタをしたまま約30分間煮込む。

⑤ 黒オリーブを入れ、５分間煮る。

⑥ 塩、コショーで調味する。

パンはもちろんのこと、ごはんにもよくあうこの料理。適当に脂ぎった豚のジューシーさとトマトソースがみごとにマッチして、けっこうやみつきなお味となります。

スペアリブがなかったら、ごくふつうの豚肉でＯＫ。薄切り肉より、ややボリュームのある角切りタイプがいいでしょう。あくまでも、あるていど脂身があるものがベター。豚の脂身って、ビタミンＢが豊富。食べ過ぎにさえ気をつければ、ヘルシーな食材なのです。

ただし、スペアリブのような骨付きじゃない場合は、500ｇぐらいで充分。日本人向きには、400ｇていどでもいいかもしれません。豚を鶏、レバーなどにかえてもけっこう。各種肉でのバリエーションが可能のレシピといえます。

肉料理　ビタミンB補充の豚肉メニュー

豚肉のトマトソース煮

豚肉が大好きな私です。トータルして考えると、牛肉よりお気に入りと言ってもいいでしょう。イタリアでは意外、豚肉がけっこうなお値段。特に、ヒレやもも肉だと、ヘタな牛肉よりずっとハイプライスです。でも、ラッキーなことに、私は脂身もついた豚こそウエルカムのタイプ。エコノミーなスペアリブなんかだとなおうれしいときています。

今回は、スペアリブのトマトソース煮を紹介しましょう。トスカーナ地方に住んでいたとき、親しくなったシニョーラ（奥さん）に教えてもらったレシピ。料理名は、Rosticciana con pomodoro（ロスティッチィアーナ　コン　ポモドーロ）です。

材料4人分

- 豚のスペアリブ……800g
- トマトピューレ……200cc
- ニンニク……2片
- 黒オリーブ（実）……½カップ
- セージ……生2～3枚（ドライなら小さじ1）
- オリーブオイル……大さじ2
- 塩、コショー……適宜

作り方

① 豚もも肉を約2cmの角切りにする。

② すべての野菜を1cmぐらいの角切りにする（プチトマトは4つ切り）。

③ フライパンでオリーブオイルを熱し、豚肉をサッと炒める。

④ すべての野菜を加えて炒める。

⑤ 塩、コショーを加え、フタをして弱火で煮る。

⑥ 10分ほど煮たら、トマトピューレを加え、さらに煮込む。

⑦ 途中、3～4回木ベラで混ぜながら1時間弱煮る。水分がないようなら、水を適宜加える。

トマトの味が肉によくとけこむこの料理。イタリアでは、ひとり150～200gくらいの肉を使用します。でも、日本人なら100gの見当で充分。もも肉をヒレ肉にしたり、あるいは脂身のある豚肉の使用もＯＫ。それなりに趣の異なる煮込み料理となります。

中・南部のイタリアでは、コショーのかわりに粉末唐辛子を使うことがよくあります。ピリカラ好きということに加え、「コショーは心臓によくない」というのが理由だそうです。ピリカラ味ブームの日本と聞いています。唐辛子で調味してみるといいかもしれませんね。

肉料理　煮込むほどに味わい深し

豚もも肉の煮込み

イタリア家庭でよく作る料理に、spezzatino（スペッツァティーノ）というのがあります。肉や魚の煮込みのことです。牛、豚、鶏、すべての肉にむいた料理。トマトや人《にん》参《じん》、玉ネギ、セロリなどと煮込みます。簡単ではあるけど、なかなかのリッチ感もあり。接客用のメインディッシュとしても登場します。今回は豚もも肉利用のレシピを紹介。spezzatino di lonza＝豚もも肉の煮込み、です。

材料4人分

- 豚もも肉……400g
- 人参……150g
- 玉ネギ……中1個
- プチトマト……200g
- セロリ……1本
- トマトピューレ……100cc
- オリーブオイル……大さじ2
- 塩、コショー……各適宜

作り方

① フライパンにオリーブオイル、バターを入れて熱し、つぶしたニンニク、各ハーブを中火で1分間炒める。

② 豚肉を加え、軽く焦げめがつくまで両面を焼く。

③ 白ワインを入れ、2分間蒸発させる。

④ プルーン、ブイヨンを加え、煮立ったら弱火にする。フタをして、15分間煮込む。

⑤ 塩、コショーで調味する。

　イタリアでは、骨つきの豚の切り身が最適とされる焼き肉、及び、このような煮込み料理です。より味わい深い肉、と言われています。子ども向きに仕上げたかったら、ハーブを除き、塩、コショーする前に生クリームを加えてもいいでしょう。クリーミーな味が、御馳走感覚をも演出してくれます。

肉料理

ハーブとプルーンを加えたイタリアン

豚肉のプルーン添え（マイアーレ コン プルーネ）

ビタミンBの豊富な豚肉は、p159でも記したとおり私の大好物食材のひとつです。少々、脂身がついているくらいの豚肉ほど好適。高級なヒレ肉だと、「なんだかスカスカ、もの足りない」となってしまいます。イタリアでは、日本以上にハイプライスがついている豚ヒレ肉です。もっぱら、脂身もある中級肉での料理を楽しむことにしています。

ここでは、カルシウムや鉄分に満ちたドライプルーンを使っての豚肉料理をあげてみましょう。ハーブを効かせたヘルシーな地中海料理といえます。

材料４人分

- 豚肉の切り身 ……………… ４切れ（１切れ150gぐらい）
- ドライプルーン ……………… 200g
- ブイヨン ……………… 500cc
- 辛口白ワイン ……………… 50cc
- ローズマリー、セージ、タイム ……………… 各1枚ずつ（なければ、ドライを各小さじ１ずつ）
- バター ……………… 20g
- オリーブオイル ……………… 20cc
- ニンニク ……………… ２片
- 塩、コショー ……………… 適宜

ルをひき、好みの焼きぐあいにしあげます。これでオシマイ。なんか、バカにされているみたいなレシピでしょ？

これが実においしいんですよー。玉ネギ、その他のつなぎがないぶん、上質牛肉のジューシーさがジワ〜〜〜〜〜ッ。「ハンバーグって、お子さまの食べものだけじゃなかったんだあ」と再認識するはずです。

ただし、ケチってお安い牛挽を使うと、このカンドーは得られません。「なーんだ。いつものハンバーグよりマズいじゃないか」となってしまう。豚挽の使用でも同様。ここは、キチンと上質な牛挽で作っていただきたい。高級和牛を買ってきて、自宅にてフードプロセッサーで挽き肉化、などというのならさらによろしいでしょう。

肉料理

冗談でしょクッキングなのに、お味上々！

つなぎなしのハンバーグ

処女作『やっぱりイタリア』（集英社）が単行本で世に出たのは、1993年のこと。現在は、文庫化されてます（集英社文庫より）。

「結局ねー、この本がいちばん面白い」なんぞとおっしゃる方も少なくなし。ムッ、じゃ、ちっとも成長してないってこと？　エッセイストとして落ちる一方、というわけ？などとヒガミたくもなります。

この本の中で、最も驚かれたイタリア料理が２点。トマトソース、そしてつなぎなしのハンバーグです。トマトソースは他所《よそ》で紹介ずみ。ここではハンバーグにいたしましょう。とはいえ、レシピなんぞといえないほど。めっちゃカンタンな料理です。

用意するもの。上質の牛挽《ひ》き肉、塩、コショー。これだけ？　そう、これだけ。冗談でしょ？　いーえ、ホンキ。ウッソだ～あ。とんでもないっ！　そんな問答になりそう……。

１人100～150ｇぐらいの牛挽き肉をごく軽～くまとめます。丸型、俵型、どちらでもけっこう。決して、こね回したり、ギシッと堅く丸めないことがポイント。上質肉の持ち味が失われてしまいます。

次に塩、コショーを振る。熱したフライパンに薄くオイ

・玉ネギ　薄くスライスしたもの……150g
・白ワイン……大さじ2
・ドライのローズマリーとセージ……各小さじ1
・塩……小さじ1

作り方

① レバーをよく洗ってから、ザルに入れて水気を切る。

② スライスした玉ネギとハーブ、塩をよく混ぜあわせる。

③ 耐熱容器に②の半分量をひき、その上にレバーを乗せる。さらに、②の残りを上にかぶせる。

④ 白ワインをふりかける。

⑤ アルミホイルをかぶせ、180度のオーブンで30分強焼く。

⑥ レバーをスライスして皿に並べ、玉ネギをかけてテーブルに出す。

電子レンジでも調理可能なはず。その場合は、所要時間を変えて作ってみてください。イタリアでは、「チン！」の利用がごく少ないため、調理にどのくらいを要するかが不明なのです。
このレバー料理に、レモンを絞っていただくのが私の好み。日本なら柚子《ゆず》やポン酢をかけて楽しむのもいいでしょう。カロリーの低いヘルシーなメニューとしておすすめです。

肉料理　ハーブ利用でレバーを満喫！

レバーの玉ネギ添え
（フェーガト コン チポッレ）

日本ではレバーがさほど好きではなかった私。ビタミンB、その他、栄養豊富なスグレ食材とわかってはいても、「おいしい！」とは感じませんでした。ところが、イタリアで「レバーの網焼き」なるものを口にしてから急変。「こんなに味わい深いものだったの!?」となりました。

なぜか、私なりに分析してみました。

その(1)　ごく新鮮なレバーを使用したから。

その(2)　ハーブ類を上手にあしらったので特有の匂《にお》いが薄らいだ。と、このふたつの理由につきるような気がしました。

そうなんですね。レバーは新鮮なものを求めなければダメ。特に、イタリアでは、牛レバーが好まれてます。鮮度さえよければ、レアの網焼き、ステーキがごきげん。なんとも言えない滋味あふれた一品となります。相性バツグンのハーブは、ローズマリーとセージ。このふたつさえあれば、たちどころにイタリアンのお味となるのもうれしい点です。

ここでは、玉ネギを使ったオーブン焼きレバー料理を紹介しましょう。

材料４人分

・牛か豚のレバーのかたまり……………………………400g

●野菜と鶏肉を交互に並べて置く。
●蒸し焼き効果も出すため、フタをして焼く。
●脂身の少ない鶏肉使用の場合は、ほんの少量のオリーブオイルを加える。

また、ピーマンは甘みもある赤や黄色いものが理想。なければ、ジャガイモやナス、ズッキーニに換えてもけっこう。そのすべての野菜利用で、ビタミン豊富なメインディッシュにするのもリッチです。

バジル、オレガノは、ドライで充分。各小さじ１杯ぐらいが目安です。さらにイタリアンのテーストをアップさせたいなら、オリーブの実を入れるといいでしょう。

オーブンではなく、「チン！」の利用でも調理が可能なはず。所要時間をわりだし、ぜひ試してみてください。来客用にも最適の一品となります。

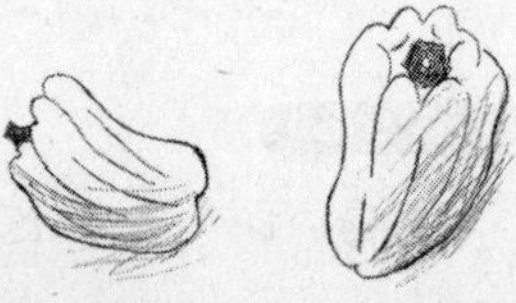

肉料理　これぞお気楽料理の代表！

鶏肉のピーマンとトマト添え（ポッロ アイ ペペローニ エ ポモドーロ）

盛夏でもない限り、毎日のように活用されるのがオーブンです。「チン！」ではありません。あくまでも天火好きなイタリア人が主流。ほとんどの家庭に常備されています。理由は、

(1) よりおいしく調理できる。

(2) ごく簡単な作業ですむ。

このふたつの理由は強力です。イタリア暮らしを続け、私も実感しています。

たとえば、これから挙げる鶏肉料理などがいい例です。オーブンにポンと入れただけで仕上がってしまうんですもの。手間暇いらずのメイン料理といえるでしょう。

材量は、鶏肉が１kg、ピーマン400g、トマト400g、バジル、オレガノ、塩、各適宜。イタリアでは４人前ながら、日本人なら多すぎる分量かもしれません。５～６人分と考えていただいていいでしょう。

作り方なんて、もう、スーパー・イージー。だって、鶏肉を一口大にカット。ピーマンとトマトは５㎜ぐらいにスライスして、両方を耐熱皿に入れ、塩とハーブを加え、180度のオーブンで１時間半焼くだけ。ただし、次のコツを要します。

作り方

① 肉にオリーブオイル、塩、コショーをふりかける。

② インゲンを茹《ゆ》でて、食べやすい長さにカットする。

③ トマトは8〜10等分に切る。

④ 厚めの鉄板、網焼き用フライパンなどで肉を焼く。

⑤ 肉を皿に盛り、インゲンとトマトを色よく配しながら乗せる。

⑥ レモン汁をかける。

　赤、白、グリーンの配色がなんともきれい。食欲をそそることまちがいなしです。白身の魚を使っての調理もまたよし。まったく異なったお味が楽しめるでしょう。
　ポイントは厚手の鉄板などの使用にて、油をひかずに焼き上げること。あらかじめ、油をふってあるため、ちょうど良いぐあいに焦げめもつきます。インゲン、トマトをバラしながら乗せることも、この料理のキャラクター。けっこうゴージャスムードのイタリアン・フィーリングが演出できます。
　さらに地中海テーストを加えたいなら、黒オリーブの実を添えてもいいでしょう。なんだか、レストランで出てくるようなディッシュへとグレードアップします。

肉料理

ヘルシーミートは おいしく美しい！

白身肉のグリル
(カルネ ビアンカ アッラ グリーリア)

カルネとは「肉」の意味です。赤身なら「カルネ　ロッサ」となり、白身は「カルネ　ビアンカ」。後者のほうがローカロリーのヘルシー肉とされ、ダイエット食としても人気があります。子牛肉、鶏肉、七面鳥などが当たるわけですね。

その白身肉を使ってのカラフル&シンプルな焼き肉料理の一皿がおしゃれ！　なんといっても、イタリアの三色旗モードというのがニクイです。

材料４人分

- 白身肉 ……………………………………………… ４切れ
- トマト ……………………………………………… 中２個
- インゲン …………………………………………… 100g
- オリーブオイル、塩、コショー …………………… 各適宜
- レモン汁 …………………………………………… 半個分

作り方

① グリンピースのサヤをむく。

② 玉ネギは粗いみじん切りにする。

③ 鍋にオリーブオイル大さじ２を熱し、玉ネギが色づくまで炒めたら、グリンピースを加えて、さらに炒める。その後、水をヒタヒタに入れる。

④ 弱火にして約10分間調理後、塩を加える。

⑤ 塩をふった肉に小麦粉をまぶし、大さじ４のオリーブオイルを熱したフライパンで両面を焼く。

⑥ ⑤に④を加え、２～３分調理後、パセリをふる。

肉のみではなく、魚の切り身でもよくあうレシピ。生、あるいはドライのタイムがあるなら、④のプロセスで加えましょう。ハーブの香りが食材とマッチ。通好みのお味へとグレードアップします。

サヤつきが最上ながら、冷凍のグリンピースを使ってもかまいません。粒の大きすぎないものがいいでしょう。分量は400gもあれば充分。サッと塩茹でした後、水気を切ってから調理してください。

このままサーブしてもけっこうなものの、レモンを添えるとなおオツ。色あいもグッと増し、御馳走っぽいディッシュとなります。

肉料理

野菜もいっしょのソテー料理は便利

グリンピース添えのソテー（スカロッペ　コン　ピセッリ）

豚、牛、鶏……その他、どんな肉のソテーにもよくあうグリンピースたっぷりのメインディッシュはいかがでしょうか。サヤつきのグリンピースなら文句なし。フレッシュさがあふれ、風味ある肉料理が完成します。イタリアでは、かなり大量のグリンピースで作りますが、ここでは、日本人に向くよう分量を調整しました。

材料４人分

・好みの肉の切り身……………４切れ（１切れ100g見当）
・サヤつきグリンピース…………………………………800g
・玉ネギ……………………………………………………中半個
・オリーブオイル………………………………………大さじ６
・パセリのみじん切り…………………………………大さじ１
・小麦粉、塩………………………………………………適宜

ない。

などなど。粉チーズやハーブをパン粉に混ぜてからつけると、香りが出てきて風味がアップ。いつものカツレツとはまた異なる一品となります。

料理本のなかでは、(1)と(3)を紹介しています。前者は、「ミラノ風」、後者は「パレルモ風」カツレツです。ところが最近、「もっとおいしい衣があるんだよ」と教わりました。(3)のレシピにさらなるプラスアルファー。なんとニンニクのすりおろしを少々加えるのです。早速、試したところ、文句なしの滋味深さ。各種の肉はもちろんのこと、魚の切り身、お野菜の衣としてもピッタリです。ぜひともトライしてみてください。

肉料理

いろいろ楽しめるイタ・カツのオンパレード！

カツレツのバリエーション

2003年10月に発売された『素パスタがおいしい。』（オレンジページ社）に続き、翌年7月に料理本が出ました。『野菜たっぷり　イタリアンのシンプルレシピ』です。やはり、オレンジページ社からの発行。版型はパスタ本より小さくなり、定価950円です。

驚くことに前菜からデザートまでの100種以上、すべて私が調理しました。いくらシンプルレシピがメインとはいえ、我ながら信じられません。プロのカメラマン氏に撮っていただくと、私の作った料理もまんざらじゃない、と大よろこびしています。

この本のなかに、カツレツ料理も登場します。そうです、パン粉をつけて焼きあげる肉料理。いくつかのバリエーションがあるので、ここにあげてみましょう。いずれも、卵黄、あるいは、溶き卵をつけたあとの作業です。

(1)　パン粉のみをつける。
(2)　パン粉に粉チーズ（パルミジャーノ、その他）を加えてつける。
(3)　パン粉に、粉チーズ＋みじん切りのパセリを加えてつける。
(4)　パン粉に好みのハーブみじん切り各種（バジル、セージ、その他）を加えてつける。ドライハーブでもかまわ

作り方

① ほうれん草を10分弱塩茹でにした後、水にさらしてから水気を切る。

② 鶏肉に塩、コショーをふり、小麦粉をまぶす。

③ オリーブオイル大さじ２で、鶏肉の両面に軽く焦げめがつくまで焼く。

④ 茹でたほうれん草を粗くみじん切りにして鶏肉に包む。つま楊枝で閉じるとよい。

⑤ 耐熱皿に④を置き、オリーブオイル大さじ１、白ワインを均等にかける。

⑥ 180度のオーブンで30分間調理する。

⑦ 1cm幅ぐらいにカットして皿に盛る。

ちょっとウルサげなチキン料理だと思いませんか？　それでいて、特別手のこんだ作り方ではありません。電子レンジでもできるでしょうから、ぜひ、試してみてください。

そうそう、鶏肉とほうれん草、及び白ワインから出るジューシーなソースをかけることをお忘れなく！　これがあるとないとでは大違い。レストランに負けないお味とするには、さいごのソースが重要なキメテとなるのです。

肉料理

ジューシーなソースがプロのお味！

ほうれん草入り鶏料理
（ペット ディ ポッロ コン スピナッチ）

スピナッチとは、イタリア語。ほうれん草の意味だということを御存知の人も多いでしょう。それだけ一般化した食材名となったのは、イタリアンのレシピによく登場するからに他なりません。

私が最も好きなスピナッチ料理といったら、やはり超シンプルなコントルノ（つけあわせ）。塩茹でしたものを、オリーブオイルとビネガー調味にて食べるパターンです。

でも、たまには、こんな風に肉といっしょの料理にもしてみます。

材料４人分

- 鶏胸肉……400g
- ほうれん草……300g
- オリーブオイル……大さじ３
- 小麦粉……少々
- 白ワイン……大さじ３
- 塩、コショー……適宜

③ 厚めの鍋でオリーブオイルを熱し、鶏肉が色づくまで炒める。

④ マッシュルームも加えて軽く炒める。

⑤ 白ワイン、ザク切りにしたトマト、乾燥ハーブも入れて混ぜ合わせる。

⑥ 煮立ったら、フタをして弱火で約40分調理。

⑦ 塩、コショーで味をつける。

本来のレシピでは、パンチェッタ（塩漬け豚肉）が入っていました。ベーコンでの代用も可ながら、あえて使わずに作ってみた私。これが正解！　鶏肉そのものの味がじっくりと満喫できるメインディッシュとなりました。

ハーブ類は、もちろん生の葉が理想。でも、四季をとおしての入手は困難です。ドライハーブでの調理だって充分にスパイシーに仕上がります。

毎回、しつこく記すようで恐縮ですが、白ワインは辛口のものにしてください。なかったら、日本酒でもけっこう。鶏肉によくあうアルコールなので、案じることなしに使えます。ただし、甘口より、辛口のほうが好ましいのは、ワインと同様。料理のお味をよりひきたたせる重要なポイントです。

肉料理

レストランの一品に負けない メインディッシュ

猟師ふう鶏料理（ポッロ アッラ カッチャトーラ）

鶏肉とマッシュルームにハーブを加え、白ワインで煮込んだ料理はいかがでしょう。滋味あふれるスープが出るので、パンにつけてさいごまでいただけます。意外や、ご飯にもよくあう一品ともなります。

材料4〜5人分

・骨つき鶏肉……1kg
・マッシュルーム……200g
・完熟トマト……400g
・乾燥ハーブ（バジル、セージ、ローズマリー）……各小さじ1
・オリーブオイル……大さじ4
・辛口白ワイン……200cc
・塩、コショー……適宜

作り方

① 鶏肉を一口より大きめのサイズにカットして、軽く塩、コショーする。

② マッシュルームをスライスする。

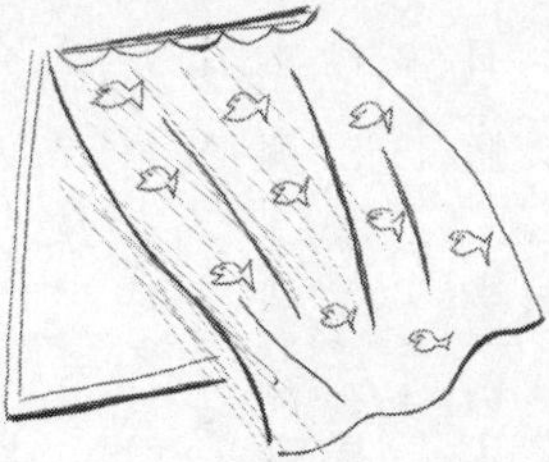

穀物料理

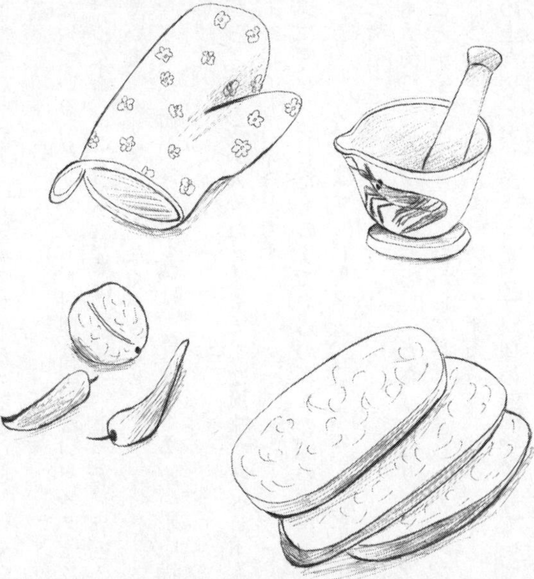

ブランチや軽食によし、はたまたホームパーティの一品としても好適なメニューが豊かなイタリアンです。リゾットやピッツァ、パニーニ、ブルスケッタ、などなど、いくつもあげられます。

ヘルシーなレシピの代表格ともなっているのがリゾット。料理分類上は、パスタやスープなどと同じく、「第一の皿」に入ります。ところが、お米は「野菜」。よって、パスタよりも、軽くて健康的な食材と考えているイタリア人が少なくありません。

例えば、ここに登場の「白いリゾット」。病人食、あるいは、胃腸のぐあいが悪い時にもふさわしいメニューと言われています。

日本版「お粥《かゆ》」のようなものながら、チーズが入ったクリーミーな風味。我々日本人にとっては、ブランチや軽食メニューにしてもいいほどです。

同じお米の料理でも、スナック風にアレンジしたものまであるのがこの国の面白さ。残り御飯を利用して立派に作れるので楽しくなります。料理名は、「お米のアランチーニ（オレンジ）」。このレシピも紹介してあります。

子どもや若者を中心に、いつでも人気のイタリアの軽食といったら、やはりピッツァとパニーニでしょう。外食で楽しむことが多い両メニューながら、ちょっとしたアレンジでホームメイドする家庭もあります。いわゆる「もどき」料理ですね。

より簡単に作れ、スピーディこの上ないレシピが「もどき」料理の魅力。それでいて、お味には遜色《そんしょく》なしときています。ユニークな発想からの「もどき」イタリアンを、ここでもいくつか取り上げてみました。小腹がすいた時によし、ちょっとしたパーティの一品に加えるのもまたよし。ファンタジーア（想像）の国イタリアが生み出したレシピとして楽しめます。

（ドライのパセリ使用もＯＫ）。

② レモンをよく洗ってから、皮をすりおろす。その後２つにカットして、汁を絞る。

③ フライパンにバターの約３分の２を熱し、スライスした玉ネギを炒《いた》める。

④ お米を加えてサッと炒めてから、白ワインを入れて混ぜあわせる。

⑤ すりおろしたレモンの皮を加えた後、ブイヨンの半量を入れる。

⑥ 煮立ったら弱火にして、ときどきかき混ぜる。

⑦ ブイヨンの水分がなくなる前に、残りのブイヨンを３回ぐらいにわけて加える。

⑧ 米がアル・デンテのかたさに調理されたら、レモン汁、パセリ、残りのバターを加えて仕上げる。

これで終了。もっとやわらかめのリゾットにしたければ、適宜水をたしてもかまいません。すると、お味が少々薄めになります。そういうときは、好みで塩、コショーを加えればけっこう。バター味はしつこい、というかたなら、オリーブオイルで作ってもいいでしょう。コクに欠けるため、パルミジャーノチーズのおろしたてを加えることをすすめます。

皿に盛ったリゾットに、レモンのスライスを２切れくらい添えるとステキ！　スタイリッシュ（？）なプレゼンテーションとなることうけあいです。

穀物料理　意外とハマるリゾットがこれ！

レモンの香りのリゾット

拙ホームページのレシピコーナー、けっこう、「隠れた人気」のけはい。つい先日も、下記のリクエストが届きました。

――リゾットのレシピ、ホームページに載せてください。

そういえば私、まだ、リゾットを紹介していませんでしたね。では、忘れないうちに……。ちょっとおしゃれに「レモンの香りのリゾット」です。

材料４人分

- お米……300g
- バター……40g
- 小ぶりの玉ネギ……1個
- レモン……1個
- ブイヨン……850cc
- 辛口白ワイン……大さじ1
- パセリのみじん切り……少々

作り方

① 玉ネギを薄くスライス。パセリはみじん切りにする

作り方

① キャベツの芯《しん》、硬い部分を除き、大雑把な千切りにする。

② 熱湯に塩を入れ、千切りしたキャベツをサッと湯がきザルにあける。

③ バターの半量を鍋に入れ、弱火で②のキャベツを炒める。

④ お玉２杯のブイヨンとトマトピューレを加え、フタをして15分間調理する。

⑤ お米を加えて混ぜ、残りのブイヨンを少しずつ加えながら煮込む。

⑥ 火を消す直前に、残りのバターを加えて混ぜあわせる。

⑦ すりおろしたパルミジャーノチーズをかけていただく。

いかにも家庭料理といった一品。バターの量が気になるなら、半分をオリーブオイルに変えてもかまいません。その場合は、炒めるときにしてください。最後にバターを加えれば、充分にテースティなリゾットとなります。香ばしさをプラスしたいときは、⑥のあと、パセリのみじん切りを入れるといいでしょう。

穀物料理　素朴な家庭のお味リゾットもうれしい

キャベツのリゾット
(リゾット アッラ ヴェルツァ)

「タカコさんのレシピ、よく利用させてもらっています。特においしかったのが、〝レモンのリゾット〟。簡単なのに、感激のお味でした。よく作っているんですよ」

　こんなお便りを何通かいただきました。

　今回は、同じくヘルシーなリゾット料理を紹介します。キャベツを使った万人向けのレシピです。

材料４人分

- キャベツ……小¼個
- お米……300g
- バター……100g
- トマトピューレ……大さじ２
- ブイヨン……約1000cc
- パルミジャーノチーズ……50g
- 塩……適宜

作り方

① 玉ネギをみじん切りにする。パルミジャーノチーズはおろしておく。

② 鍋にオリーブオイルを入れて熱し、玉ネギを炒める。

③ 玉ネギが色づいたら、お米を入れて混ぜあわせる。

④ ブイヨンの3分の1の量を加え、沸騰したら弱火にする（フタはしない）。

⑤ 水分がなくなったら、さらにスープの3分の1を加える。

⑥ もう1度⑤を繰り返した後、塩を加える。

⑦ 火を止める直前にパルミジャーノチーズを加えてサッと混ぜる。

「白」というより、ややイエローがかったリゾット。より味わい深く仕上げたければ、チーズと共に少々のバターを入れるといいでしょう。ブイヨンはインスタントの素で充分。カロリーが気になるかたは、ベジタブルブイヨンの使用が好適です。

穀物料理 素リゾットのシンプルさが絶妙！

白いリゾット(リゾット イン ビアンコ)

イタリアの料理につけられているネーミングにドキッとすることがあります。最もいい例が「Spaghetti alla puttanesca（プッタネスカ）」でしょう。プッタネスカとは「娼婦《しょうふ》ふう」の意味です。トマト、アンチョビ、オリーブの実、ケッパーで調理したスパゲティ料理。おシゴトで忙しい娼婦もごく手早く作れてしまう、ということでつけられたようです。

そこへいくと、「白いリゾット」はそっけない。「ごはんは白くてあたりまえでしょ」と、ツッこみをいれたくなるほどです。実はこれ、イタリア人からすると、素パスタならぬ、素リゾット。最小限の食材のみで作られるレシピでございます。

材料4人分

- お米……200g
- 玉ネギ……小1個
- オリーブオイル……大さじ5
- パルミジャーノチーズ……50g
- ブイヨン……1000cc
- 塩……適宜

お米のなかに入れるのは、生ハム、モッツァレッラがよくあう、とのこと。けれども、各自の工夫しだい。缶詰のツナを入れて作ってもオツなものです。どんな食材が出てくるのか、お楽しみの一品としてもいいでしょう。お子さまにもよろこばれることうけあいです。

基本は丸いボール状ながら、昨今は、三角、ややイビツ型なども見かけます。これまた、自由な発想にて形作るのも楽しい。ファンタジーにあふれたおやつとしておすすめします。

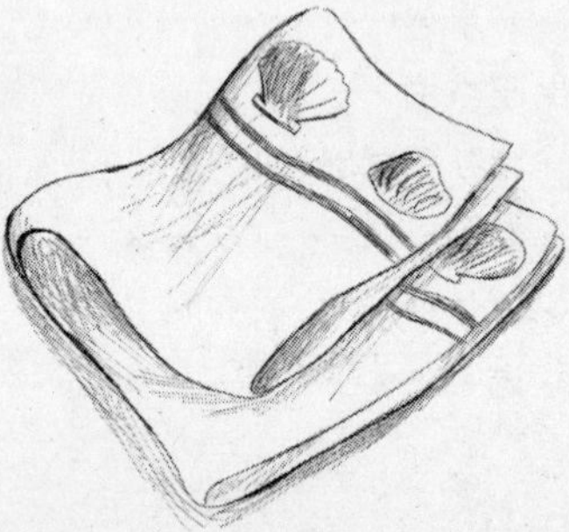

穀物料理

お米のコロッケはシチリア島のスナック

お米のアランチーニ
(アランチーニ ディ リゾ)

他ページでは残り物パスタの一品を紹介しました。パスタがあるなら、riso（お米）の残り物利用だって存在するはず。そうです、あります、イタリアにも。最も一般的なのは、ミラノ風リゾット（サフラン入りのリゾット）をこんがりと焼きあげたもの。ミラノのレストランでは、この焼きリゾットをメニューに出している店だって少なくないほどです。

が、日本でだと、ミラノ風リゾットを作ることは多くないことでしょう。ここでは、ごくふつうに炊きあげたご飯にて利用できるイタリアンのメニューをあげてみます。

アランチーニ（単数だと「アランチーノ」）とは、直訳だと「小さなオレンジ」。シチリア島の伝統料理のひとつである油で揚げたお米のコロッケも意味します。いわゆる、シチリアのスナックとも言うべき一品です。

ご飯のなかに、ハムやチーズ、グリンピース、ラグー（トマト味の挽《ひ》き肉ソース）、その他、好みの品を入れ、小さなボール型にまとめます。次に、小麦粉をまぶし、その後、溶き卵をからめてください。仕上げに、パン粉をつけます。ね、コロッケそのものの作り方でございましょ。

これを、オリーブオイル、あるいは、サラダ油などでカラッと揚げればできあがり。他ページの残り物パスタ料理と同じく、冷めてもおいしいのが特徴。むしろ、調理したてよりもより美味、と言われています。

作り方

① モッツァレッラを５㎜角ぐらいにカットする。

② パンにトマトピューレを薄くひく。

③ ②にドライのオレガノを少々まぶす。指でこすりながらかけると香りが出て好適。

④ 塩を少々ふった後、モッツァレッラを一面にかぶせる。

⑤ すりおろしたパルミジャーノチーズを少々かける。

⑥ オーブンや電子レンジに入れ、モッツァレッラが溶けたらできあがり。

分量？　食パン２枚分なら、モッツァレッラは50ｇぐらいほしいところ。トマトピューレは、大さじ２ていどでしょうか。バジルの葉、アンチョビ、スライスしたマッシュルームをのせてもよし。その場合は、必ず、モッツァレッラの下にしてください。

モッツァレッラが入手できなければ、他の溶けるチーズでの代用もＯＫ。ただし、本場のお味とはずいぶん違ってくることを添えておきます。

穀物料理「もどき」ながら、お味は本格派！

ピッツァもどき

日本でも、おいしいピッツァを提供してくれる店が増えている、と聞いています。さすが、イタリア料理人気だけのことがある。なんだか、とてもうれしい気分です。

けれども、本場なみのピッツァは、まだまだお値段高め。大判サイズだと2000円、3000円とするようですね。こちらのピッツェリアの数倍のお値段。そうそう頻繁に食べられるものではない気がします。

ホームメイドのピッツァ作りがベストなものの、パッとできるものじゃなし。マスターしてしまえばカンタンなレシピながら、時間はけっこうかかるのです。なにしろ、生地を打ち、その後発酵、というプロセスが必要となりますから。

そこで私は、「ピッツァもどき」の一品をおすすめしたい。「もどき」とはいえ、イタリア伝統のトッピングにてのおいしい仕上げを紹介しましょう。

ピッツァ生地のかわりとしては、食パン、バゲット、田舎パン、なんでもけっこう。最低１㎝くらいの厚さにしてください。

よりおいしいパニーニ作りには、次のポイントがあります。

1　その日に焼いたバターなしのシンプルなパンを使う。
2　ハム類は、食べる直前にスライスする。
3　ケチらずに、多めの具を入れる。

よって、イタリアでは、バールのみならず、スーパーでもパニーニを作ってもらいます。

町内のスーパーのハム売り場では、お昼どきともなると、近くで働いている人たちがドドッ。好みのハムをスライスしてもらってのパニーニ注文光景が見られます。

穀物料理　これがイタリアの正しいパニーニ

パニーニ

今ではすっかり世界中で通じる用語となった「パニーニ」。イタリア版サンドイッチのことですね。１個だと「パニーノ」、複数になると「パニーニ」となるのを知ったのは、私の場合、イタリア暮らしを始めてから。でも、昨今の日本人は別。皆さん、よーく御存知なのには驚いてしまいます。

パニーニを最初に食べたときは、「ケッ」という感じでした。なんなのー、これ？　やけにそっけない味じゃないのオ。そうか、バターを塗っていないからね。ハムとかサラミが入ってるだけかあ。なんだか「手抜き」モード。日本のサンドイッチとは大違いだ。

そんなふうに感じたものでした。なんせ、イタリアでは、パンからして素朴そのもの。バターも入れずに焼きあげるパーネ（パン）がほとんどです。それをまっぷたつに切り、生ハムやサラミ、その他の食材をはさむだけ。たいてい、１種のハムのみ入れるのが正しい（？）パニーニとされています。

ね、なんか、メチャ・シンでしょ（メチャクチャにシンプル）。「いくらなんでもなー」の料理。いいえ、レシピすらないから、「料理」とも言えませんね。

でも、イタリアでめしあがったかたはよーくおわかりでしょうが、おいしいんですよ、これが。慣れると、やみつきになるほどの味わい深さでございます。

作り方

① ニンニクを薄くスライスする。

② 赤唐辛子もスライスして、種は除く。

③ パンをトーストする。焼きあがるあいだ、フライパンにオリーブオイル大さじ 2 を熱し、ニンニクと赤唐辛子が軽く色づくまで炒める。

④ トーストしたパンに、残りのオリーブオイルをかける。

⑤ 炒めたニンニクと赤唐辛子を④にのせ、塩を少しずつふりかける。

　トマトとバジルのせのクラシックなブルスケッタもいいけれど、たまにはこんなピリカラ味もオツなものです。お酒のおつまみによし、イタリアンの前菜としてだってもってこい。さめてもイケるお味ゆえ、ホームパーティの一品としてもよろこばれることでしょう。

　なお、田舎ふうパンが手にはいらなかったら、バゲットや食パンでの代用もけっこう。やや硬くなったくらいのパンほどむいています。唐辛子も必ず赤でなければならない、なーんてルールはありません。グリーンもよし。ドライだってオーケーです。

穀物料理　いつものブルスケッタにひと工夫

辛いブルスケッタ
(ブルスケッタ ピッカンテ)

日本人好みのパスタのひとつに、「スパゲッティ　アーリオ　オリオ　エ　ペペロンチーノ」があげられる、と聞いています。ニンニクとオリーブオイル、そして唐辛子のスパゲティ、というのが直訳ですね。やたらと簡単なものの、何度食べても飽きのこないこのお味。私もまた、大好物のメニューとなっています。

そのブルスケッタ（トーストしたパンに、好みの野菜、その他をのせたもの）版ともいえるのが、これから紹介するレシピです。

材料４人分

- 田舎ふうパン……8切れ
- ニンニク……4かけ
- 生の赤唐辛子……1本
- オリーブオイル……大さじ4
- 塩……適宜

作り方

① ナスとトマトを5㎜ぐらいにスライスする。ピクルスは3等分ぐらいにタテ切り。

② フライパンにオリーブオイルを熱し、ナスを焼く。

③ 焼き上がったナスに塩をふる。

④ 食パンをトーストする。

⑤ トーストした食パンに、ナス、トマト、ピクルスを均等にはさむ。

　このサンドイッチ、うれしいことに100カロリー弱というライトさ。それでいて、リッチなテーストでいっぱい！　なんといっても、ローストビーフ風の味わいですもの、当然です。

　さらにヘルシーにしたかったら、全粒粉使用の食パンをおすすめ。ライ麦入りのパンもいいでしょう。バジルやセージ、イタリアンパセリなどのハーブ類とも相性バツグン。生の葉、ドライ、どちらでもけっこう。好みで使いわけ、バリエーションに富んだサンドイッチにしてみてください。

穀物料理

一回食べると大ファンになる人多し

「もどき」サンドイッチ

お腹がすいたものの、食事までは時間がある。ちょっぴりボリュームに富んだものを口にしたい。でも、カロリーの高いものはゴメン。そんな時ってありませんか？　つまり、お茶に１～２枚のビスケットをつまんだていどじゃ我慢できない空腹状態。ちょっとした腹ごしらえになり、カロリーはたいしたことなし、の一品を紹介しましょう。名づけてローストビーフもどきサンドイッチ、です。

なぜ「もどき」なのか？　使う食材が肉ではなく、ナスだから。イタリアでは昔から、食感が似ているといわれ、「もどき」メニューのナンバーワンとなっています。

材料２人分

- 食パン（８枚切り）……………………………４枚
- 完熟トマト ………………………………中１個
- ナス …………………………………………１個
- オリーブオイル ……………………………大さじ２
- ピクルス ……………………………………２本
- 塩……………………………………………適宜

ドルチェ

「さて、なにする、ドルチェは?」

というようなセリフも聞こえてくる昨今の日本です。それくらい一般的な語彙《ごい》となった「ドルチェ」。「お菓子」の意味ながら、デザートを指す語ともなっています。

どの国の料理でも、メニューの締めくくりであるデザートへの期待は大きいものです。イタリアンならなおさら! 「ドルチェ」と耳にしただけで、胸の高なりが増すのはなぜでしょう。「ドルチェ」の響きのスウィートさによるもの? いえ、いえ、それだけではないはず。素朴ながら、やさしい甘さにあふれたデザートが多いイタリアのドルチェだから、と感じます。

フルーツを惜しげもなく使った「マチェドニア」を筆頭に、ドルチェもまた、新鮮な食材の味覚がキメテのレシピがメインです。

考えてみれば、この国のジェラートだって同じです。ごくフレッシュな牛乳や卵をベースに、各種のフルーツを加えて作り上げる。世界に誇るドルチェとなった所以《ゆえん》でしょう。バターや生クリームを大量に使用してのフランスやオーストリアのデザートと異なり、あくまでも質素に作るレシピが多いドルチェです。お菓子作りにつきものの、分量の厳守、プロセスの難関さがありません。少しぐらいの分量違いはなんのその。仕上がりの失敗につながらないのもうれしい点です。

ここでは、オーブンなしでも作れるドルチェをメインに紹介しています。なぜって、オーブンが必要なレシピだと、即刻、引いてしまう人も多いから。幸い、イタリアには、オーブンはおろか、加熱作業さえ無用のドルチェだってかなりあります。毎日とはいかなくても、週末などにはホームメイドのデザート作りをエンジョイしたいもの。イタリア料理がメインの時にはなおさらです。お子さんにでも手軽に作れてしまうドルチェの数々、ぜひとも「マイ・メニュー」に加えてほしいところです。

を加えるのはモニア（31歳）。「ラム酒もいいわね。ゴージャスさが増して、大人の味になるわよ」だそうです。

私は、辛口のワインでシロップを作ります。４人分のレシピを書いてみましょう。

基本分量は、水（400cc）　砂糖（100ｇ）　レモン汁（大さじ４）　白ワイン（100cc）です。鍋に水、砂糖、レモン汁を入れて弱火で煮込みます。砂糖が溶けたら火を止め、ワインを入れて混ぜます。これでシロップのできあがり。完全に冷めたところで、カットしたフルーツを入れ、よーく混ぜあわせてください。すぐ食べるより、最低１～２時間は漬けこんだほうがおいしくなります。

果物の種類が多いほどリッチなお味に仕上がるのは言うまでもなし。最低、数種を用意するのがイタリア家庭。ごくごくカンタンなデザートながら、カットするのがいささかやっかい。そのせいか、ちょっとしたイベント、接客用として作られることが多いのです。

このままでも充分に美味、おしゃれなマチェドニア。さらにグレードアップしたかったら、ジェラートや生クリームを添えてもいいでしょう。飲んべえサンには、ウォッカやグラッパをかけたりもします。さまざまなバリエーションが楽しめるスグレものデザートといえるでしょう。

ドルチェ　こよなく愛するドルチェのNo.1

マチェドニア

うれしいことに、イタリア語がずいぶんと一般化してきました。「ドルチェ」もまたいい例。ひところなら「ン!?」と首をかしげる人も多かったことでしょう。今は、「あ、お菓子ね。おいしいのよね、イタリアのドルチェって」とのリアクションあり。もっとすごい人までいる。「お菓子という意味の他に、甘い、とかやさしい、などという単語でもあるんでしょ」などという感じです。

さあ、今回はドルチェのレシピにいたしましょう。何がいいかと迷ったものの、やはり、私がいちばん好きなデザートから紹介します。それは、マチェドニア。生フルーツのポンチ、です。

りんご、バナナ、キーウィ、ぶどう、オレンジ……どんな果物でもＯＫ。小さな角切り、あるいはスライスにして、お手製の味つけでしあげるだけ。レモン汁にシュガーだけで作るのは、友人のデボラ（27歳）。

カットしたフルーツにレモンを絞り、無造作にグラニュー糖をふりかけて混ぜるだけです。「コツ？　私のマチェドニアはすべての果物をかなり小さくカットすること。レモンとシュガーの味がじっくりしみこむし、口当たりがいいって評判なの」と言っています。

「ちょっとアダルトな演出をしたいから」と、リキュール

これでオシマイ。カンタン、なーんてものじゃないでしょ？　もう少しオシャレに、そしてリッチに仕上げたいなら、ピスタッチオを用意してください。４人分だと、20ｇぐらいでけっこう。テーブルナイフで粗く砕き、各自の器にマチェドニアを盛った後に加えます。グリーンのピスタッチオゆえ色合いもみごとにキマるのです。

さらに上級の工夫をとおのぞみなら、ミントの芽先を飾るのがベスト。小さな小さな芽先ながら、あるとないとでは大違い！　たちどころに、本場のイタリアンなドルチェに生まれ変わります。

スイカとメロンの組み合わせは、あくまでも一例にすぎません。桃、梨、キーウィ、バナナ……その他、好みのフルーツで作ってみてください。ピスタッチオが手にはいらなければ、クルミやアーモンドの利用だってかまいません。ドライレーズンをのせても面白い味になるでしょう。

他のマチェドニア同様、ジェラートや生クリームを添えてもゴージャス。ホームパーティのデザートとしてだって最適です。

ドルチェ　トッピングも配したいデザート

スイカとメロンのマチェドニア

すでに刊行されている料理本『イタリアンのシンプルレシピ』(オレンジページ社) にも登場のドルチェ、マチェドニア。通常は、数種以上の果物を使って作るレシピながら、たまには、こんな超シンプルに仕上げるのも悪くありません。特に、シーズンのフルーツならではの食感が生きようというものです。

材料4人分

- スイカ……中玉¼個
- メロン……中½個
- レモン汁……1個分
- 砂糖……大さじ2

作り方

① スイカとメロンの種を除き、2㎝強の角切りにする。

② レモン汁、砂糖をかけ、軽く混ぜあわせる。

ッタならなんの手間ヒマも無用。りんごから水分（果汁）がジワリジワリと出てくるため、ほどよい蒸し焼き状態となるのでしょう。ただし、りんごの種類、大きさによって仕上がりに要する時間に変化あり。20分くらい経過したら、焼けぐあいをコントロールしてください。

シュガーやバター、その他いっさい使用しないドルチェなので、カロリーはもちろん低め。いくつでも安心して食べられるのもうれしい利点です。

ドルチェ

シンプル・イズ・ベストのドルチェはローカロリー

りんごの蒸し焼き（メーラ コッタ）

世界中、どこをさがしても「これ以上簡単なものはなし」と断言できるドルチェに遭遇。しかも手をかけたデザート類よりおいしいときているのでビックリしました。まさに、「シンプル イズ ベスト」と痛感せざるをえません。

その名は、mela cotta（メーラ コッタ）。りんごの蒸し焼きです。

用意するものは、りんごのみ。酸味のある小ぶりなりんごがベター。洗ったりんごを皮のままオーブン皿に並べます。180度で30分弱焼き上げておしまい。「なんなの～」のスーパー簡単レシピながら、イケるんですよ、これが。アツアツをそのままスプーンですくって食べてもいいし、冷めてからでも充分美味。皮ごといただくのをおすすめします。ビタミンをより摂取できるのみならず、味わいもグッと深まります。ちょっとおしゃれに、生クリームを添えてもいいでしょう。

果物の蒸し焼きデザートは、以前から知っているイタリアンドルチェの一種でした。りんごのみならず、梨、桃、いちじくなどをオーブンで焼き上げます。異なるのはレシピ。ほとんどが、熱湯の中に果物を入れてから蒸し焼きにします。ときどき、果物に熱湯をかけたり、途中からアルミホイルをかぶせる、というプロセスあり。「なんか面倒……」と敬遠していたものです。

でも、つい最近知った「天火に入れるだけ」のメーラ コ

作り方

① 赤ワイン、砂糖、レモン汁を鍋に入れ、弱火で煮立てる。

② 砂糖が溶けたら、皮をむいた洋梨を丸ごと入れ、フタをして15分間煮込む。

③ よく冷ましてから皿に盛り、シロップをかける。

これだけで充分においしいドルチェですが、ホイップクリームやアイスクリーム、ヨーグルトなどを添えるとなおアピール度あり。フルーツ系デザートに定番的活用をみせるミントの芽先でトッピングすれば、さらにキマリます。

洋梨の代用果物としては、桃がよさそう。赤ワインによくあうフルーツなので、同じ材料でかまいません。洋梨も桃も、あまり大きすぎないサイズにしてください。

ドルチェ　赤ワインが洋梨とマッチして大人の味に

洋梨の赤ワイン煮（ペーレ アル ヴィーノ ロッソ）

こんな諺《ことわざ》があります。

――Quando la pera è matura, conviene che caschi.

「梨も熟せば、やがて落ちる」。つまり、「ことは自然の成り行きしだい」という意味です。pera の複数が pere。洋梨のこと。日本原産の梨は、そのまま Nashi と名づけられ、数年前からイタリアの市場にもお目見え。植木も売られているため、１本購入。今では30個以上の実をつけるようになりました。

Nashi はフレッシュなままで食べるのが一番ながら、洋梨はさもあらず。加熱調理でのドルチェ仕立てがよりおいしい気もします。ケーキやパイもいいですが、ごくごく簡単な赤ワイン煮は絶妙な味。大人のデザートとしてピッタリです。

材料４人分

- 洋梨 ………………………………………… ４個
- 辛口赤ワイン ……………………………… 450ml
- 砂糖 ……………………………………… 大さじ２
- レモン汁 ………………………………… 半個分

作り方

① 桃を半分に切って種を除き、さらに各3等分する。

② 桃が包めるくらいのアルミホイルを4枚用意。各ホイルに1個分ずつの桃をのせる。

③ 砂糖、リキュール、ナッツを大さじ1ずつふりかけてから、ホイルをとじる。

④ ガス台のグリルに③を並べ、中火で10分くらい焼く。

⑤ ホイルを開け、④を皿に移す。

熱くても、冷めてからでもおいしいデザート。ジェラート、あるいはホイップクリームをそえるとそれはそれはおシャレです。ゴーカなドルチェに早変わりします。

イタリアでは、桃の皮ごと作ってしまうこのドルチェ。皮もいっしょに食べるのです。日本人には、「ちょっと……」のくちざわりかもしれません。皮が気になる人は、食べる直前にむくことをおすすめ。調理どきは、型くずれをさけるためにも、皮つきのままのほうがいいでしょう。

ドルチェ　イタリアならではの
ユニークな発想の一品

ホイル包みピーチ

りんごやオレンジに負けず劣らずイタリア人に愛食されているフルーツがあります。アプリコット、ぶどう、そして桃。日本より小ぶりの桃がけっこう安価で出回るのが夏です。日本産と比べると、やや甘みに欠けるためでしょうか。ドルチェに利用する人たちも多いようです。

ここでご紹介するのは、桃のアルミホイル包み仕立てドルチェ。ちょっとユニークなデザートとして覚えておいてもいいのではないでしょうか。

材料４人分

・桃（熟したもの）……………………………………中４個
・好みのリキュール（あるいは白ワイン）…………大さじ４
・砂糖 ……………………………………………………大さじ４
・好みのナッツ（粗く砕いたもの）…………………大さじ４

作り方

① いちごをふたつ切りにする（大きい粒なら4等分にカット）。

② 小麦粉、砂糖、白ワイン、溶かしバター、水大さじ1を加えて混ぜあわせる。

③ いちごに②の衣をつける。

④ 揚げもの用のオイルを熱する。③の衣つきいちごを入れ、ほどよい焦げ目がつくまで揚げる。

⑤ キッチンペーパー、あるいはアミつきバットに上げ、油気を取る。

⑥ 皿に盛った後、粉砂糖をふりかける。

いかがでしょう。こんなデザートもたまには楽しいと思いませんか？　けっこうボリュームあるドルチェとなるため、軽めの食事との組み合わせにすることがポイントです。野菜がメインのパスタ、あるいはリッチなサラダの一皿で終えるときのデザートなどに向いているでしょう。

このドルチェをより風味あるものに仕上げるためのポイントをお教えしましょう。作り方②の衣を1時間ほどねかせておくこと、です。しっとり感と風味がより増し、なかなかウルサイお菓子となります。

なお、オイルは必ず、新しいものを使ってください。まちがっても、魚や肉を揚げたオイルでの調理はしないこと。デリケートなお味がだいなしになります。

ドルチェ

イタリアにもある「いちご大福」？

いちごのフライ
(フリッテッレ ディ フラゴレ)

料理名にギクッとするかたもいらっしゃることでしょう。でも、日本には「いちご大福」のヒット菓子があるではありませんか。いわば、そのイタリア版的なドルチェと言えるでしょう。あるいは、「バナナのフライ」のいちご版ともなりますね。

材料４人分

- いちご……200g
- 砂糖……大さじ1
- 小麦粉……130g
- 白ワイン……100ml
- バター……30g
- 粉砂糖、オイル……適宜

作り方

① プルーンがひたるくらいの水に、一夜ひたす。

② 塩を少々加えてから、弱火で20分間煮る。

③ 充分にさめたら、プルーンの種を除き裏ごしをする。

④ ヨーグルトとはちみつを加え、木ベラで混ぜあわせる。

⑤ 各容器に盛った後、くだいたアーモンドを均等にかける。

⑥ 松の実を各２～３粒のせてトッピングする。

いかにも美と健康にプラスとなりそうなドルチェ。アーモンドや松の実は、ビタミンＥがいっぱいなので、若さを保つ食材とも言われています。毎日常食するといいそうですよ。

ホームパーティ用にもよろこばれるデザートとなります。その場合は、大きな器に入れ、各自が好みで取り分けるといいでしょう。ゴージャスなムードが演出できます。

なお、分量は、イタリアにての４人分。日本人には、少し多すぎるかもしれません。５～６人分と考えてもいいでしょう。ヨーグルトをジェラートやシャーベットにかえてもよさそう。いちごやブルーベリー、ラズベリーなどの季節のフルーツでトッピングを楽しむ、というのもおすすめ。アイディアしだいでいろいろなパターンに仕上がることでしょう。

ドルチェ

常食したいプルーンでのドルチェ作り

プルーンのクリーム
（クレーマ ディ プルーネ）

お砂糖ぬきのヘルシーなドルチェのレシピをゲットしておくのもいいものです。ミネラルや繊維質に恵まれたプルーンを使ったクリームを紹介いたしましょう。南伊のお菓子に欠かせないアーモンド、いかにも地中海フィーリングの松の実でトッピングの滋味豊かなデザートです。朝食のメニューとしても最適。１日のエネルギー源となってくれます。

材料４人分

・ドライプルーン……200g
・ヨーグルト……500g
・アーモンド……50g
・はちみつ……大さじ1
・松の実、塩……各少量

作り方

① ナッツとドライフルーツを細かくカットしておく。

② ジェラートをヘラでかきまぜ、やわらかくする。

③ レモン汁、ナッツ、ドライフルーツをジェラートに加え、よく混ぜあわせる。

④ テーブルに出すまで冷凍庫に入れておく。

子どもでも作れてしまうほどのイージーなレシピではあるものの、ジェラートがリッチにテーストアップ。盛りつけも少々、工夫をこらすと、さらにゴージャス感が増します。ナッツの一部を丸ごと乗せてみてはいかがでしょう。ドライフルーツを薄めにスライスしてのトッピングもいいですね。

溶かしたチョコレートをかけたり、リキュールを少々たらしてもおしゃれ。アルコール好きな人には、ウォッカやラム、ジンなどもけっこうです。かなりアダルトなデザートとしてウケることでしょう。

ジェラートの他、シャーベットやヨーグルトで作っても楽しいレシピ。あなたなりの工夫で、いくつものアレンジが叶います。

ドルチェ

ほんのひと工夫でジェラートがテーストアップ！

ナッツとドライフルーツ入りジェラート

イタリア人の好きなデザートのひとつに、ナッツやドライフルーツ入りのものがあります。市販されているのは、単品だったり、ミックスでの具入りジェラート。ファンタジーにあふれ、楽しくおいしいドルチェと言えます。ここでは、思いきりたくさんの材料を配したジェラートを作ってみましょう。

材料４人分

・生クリーム入りジェラート（なければ、ごくシンプルなバニラのジェラート）……400g
・クルミ……30g
・ピスタッチォ……30g
・好みのドライフルーツ（オレンジピール、チェリー、レーズン、その他）……30g
・レモン汁……大さじ1

作り方

① カップにヨーグルトを入れて、ジャムも加えて味つけをする。

② 冷凍庫に入れ、30分おく。

③ 取り出してかき混ぜる。

④ 再度冷凍庫に入れ、10分後に取り出し、またかき混ぜる。

⑤ 3～4回くり返す。

これで、「みごとな即席ジェラートのできあがり」。朝からジェラートを食べ、「なんてリッチ！」とよろこんでいるそうです。

ちなみに、ヨーグルトもジャムも、健康を気づかって無糖のものを使用、とのこと。ヘルシーこのうえないジェラートでございます。ダイエットの一品として加えてもよさそうですね。ぜひ、お試しあれ！

ドルチェ　手作りならカロリーもダウン！

フローズンヨーグルトのジェラート

今回は、イタリアン・レシピの番外編的な御紹介です。

読者のおひとりに、イタめし愛食、かつ料理も上手な大学生あり。しかも、男性！　横浜市にお住まいの圭輔さんです。いつも、お便りにて、「圭輔ふうイタリアン」のレシピを書いてくださる。鯖《さば》のペスカトーレ、なーんていうパスタもあり。ペンネを茹《ゆ》でている間に、フライパンで基本のトマトソース（これは、拙書『イタリアのすっごくおいしい！』からお作りの由）を温めておく、とのこと。焼いた鯖をほぐし、トマトソースに混ぜあわせ、茹で上がったペンネと混ぜあわせて仕上がり。なかなかのアイディアでございます。「塩鯖をおすすめします。ノドにささる危険性もあるので、骨をよーく取り除いてください。いわしやサンマでも美味です」との添え書きコメントもありました。

ジェラート好きの彼が試行錯誤して考えついたのが、「フローズンヨーグルトのジェラート」。ジェラートの食べすぎで、やや体重アップ。ごくカンタンで、カロリーも低めのヘルシーなデザートを考案したそうです。

材料１人分

- プレーンヨーグルト……………………………１人分
- 好みのジャム ……………………………………適宜

作り方

① 卵黄に砂糖を入れ、泡立て器、あるいはハンドミキサーにて混ぜる。

② フォークにて軽く混ぜあわせたマスカルポーネを少しずつ①に加える。加えるごとに、スプーンか木ベラでよく混ぜる。

③ 卵の白身をしっかりと泡立て、②に加えて混ぜあわせる。

④ カップの底、内側にマカロンを置き、③を加えて、冷蔵庫で20分冷ます。

⑤ ブラックチョコレートを細かく削り、サーヴする直前にトッピングする。

どうです？　ティラミスよりもはるかにイージーなレシピでございましょ。それでいて、お味は決して負けません。ごく大人のテースト仕上げにしたいなら、②の調理後、少々のブランデー、あるいは、ラム酒などを加えるといいでしょう。また、ブラックチョコレートをココア（粉）に変えるのも一案。むしろ、ティラミスにより近いデザートとなります。

ちなみに、イタリアで市販のマカロンは、苦みのあるものが主流。amaretto（アマレット）と言います。amaro（苦い）が語源です。やや苦めのお菓子、というところ。イタリアでは、甘いドルチェにも、苦みを効かしたテーストを好む人が多いのです。

ドルチェ

ティラミスよりもカンタン！でも、おいしい!!

マスカルポーネのカップ（コッペ アル マスカルポーネ）

　ティラミス作りに欠かせないチーズがマスカルポーネです。日本でも入手しやすくなった、と聞いています。今回は、ティラミスよりもはるかに簡単なドルチェを御紹介いたしましょう。名づけて、「マスカルポーネのカップ」です。

材料４人分

- マスカルポーネ……250g
- マカロン……80g
- ブラックチョコレート……50g
- 卵……３個
- 砂糖……150g

作り方

① チョコレートを細かくきざむ。

② コーンフレークを加えて軽く混ぜる。

③ 砂糖を入れてしっかり泡立てた卵の白身を加えて混ぜる。

④ ココアの粉をふるいながら加えて混ぜる。

⑤ オーブンの皿に耐熱ペーパーを敷き、その上に④の生地を小さじ1杯分ずつ並べる。

⑥ 160度のオーブンで25分くらい焼き上げる。

コーンフレークスの歯ごたえカリッ、ココアのホロ苦さがしみじみ。子供から大人までに好まれるお味になります。

チョコレートの種類は、大人用だとブラックをおすすめ。よりピュアな味わいが楽しめます。子供用には、ミルクチョコレート、あるいはホワイトチョコレートがいいでしょう。まろやかなドルチェとして好まれるはずです。

冷めてもおいしいお菓子ながら、ややあたたかいうちに口へ運ぶと絶妙。冷めた後は、オーブンや電子レンジで少々再加熱してもかまいません。ティータイムにもってこいのドルチェとなります。

ドルチェ　コーンフレークも入れて
スピーディに

ココアのメレンゲ

イタリア人のココア好きは相当なものです。とはいっても、ドリンク用より、むしろドルチェの食材として利用するケースが多いのも特徴。いい例がティラミスでしょう。決まって、ドバドバーとココアの粉をふりかけて仕上げます。

さて、ここでは、ココアのみならず、コーンフレークも使用のメレンゲをとりあげてみました。お子さんにもできるくらいのカンタン、スピーディなお菓子です。

材料4人分

- 卵の白身……2個分
- 砂糖……120g
- チョコレート……120g
- コーンフレーク……30g
- ココアの粉……大さじ2

書いてるだけで、ハーッとタメ息。あまりにもバカにしたようなレシピだから。でも、でも、お味は保証。エスプレッソの苦みがちょっぴり漂い、大人のデザートとしてごきげんです。コーヒー豆の形をしたチョコを乗せたり、ミントの葉を飾るとさらにおしゃれ。パーティ用としても重宝するでしょう。

子ども用には、コーヒーぬきでどーぞ！　イタリアでは、毎朝、子どもたちに食べさせているマンマもいます。朝のエネルギー源としてもってこい、とか。ただ攪拌《かくはん》するだけのシンプル作業ゆえ、毎朝のことでも苦にならないそうです。

卵は必ず、新鮮なものを使ってください。ブロイラーのＬサイズはさけること。小さめの有機卵が理想です。ごくカンタンな作業で仕上がるため、子どもに作り方を教えてもいいですね。料理好き人間へのファーストステップとなるかもしれません。

ドルチェ　子どもにも教えたいお手軽ドルチェ

日曜日のコーヒー入りクリーム

なぜかこんなネーミングのデザートです。別に日曜日のみじゃなくてもいいでしょうに……。きっと、家族や友人たちと、ゆっくり楽しんだランチの後にピッタリ、のレシピなのかもしれませんね。

作り方は、もう、もう、いたってイージー。いつものことながら、ふざけたような簡単さです。これじゃ、なにかと多忙な平日のデザート用にだって作れちゃう。そんな一品でございます。

材料４人分

- 卵 ……………………………………………………小さめ４個
- 砂糖 ………………………………………………………大さじ４
- エスプレッソコーヒー（砂糖入り）…………………１人分

作り方

① ボールに卵、砂糖を入れ、泡立て器でよく混ぜあわせる。

② エスプレッソコーヒーを少しずつ加え、木べラで混ぜる。

③ 各カップに入れて出す。

作り方

① ボールにビスケットを入れ、大雑把にくだく。

② バターを溶かし、①に加える。

③ そのほかの材料すべてを入れ、よく混ぜあわせる。

④ 大きめにカットしたアルミホイルを用意。サラミのような筒状にまとめた③を包み込む。

⑤ 冷蔵庫に入れ、２時間以上置く。

⑥ アルミホイルをはずし、輪切りにして出す。

ココアの黒、ビスケットの白がサラミのムードを演出する楽しいドルチェ。このまま食べてよし、生クリームやジェラート、ヨーグルトを添えてもおしゃれ。ほろ苦いココア味ゆえ、アダルトなデザートとしてもピッタリです。

松の実がなかったら、アーモンドやクルミ、その他のナッツにしてもけっこう。ビスケット同様、大雑把にくだいてから加えたほうがいいでしょう。

このお菓子にあう飲み物は、コーヒー、紅茶、日本茶の他、ビン・サントやマスカット、その他の甘みのある食後酒。いかにもイタリアっぽいデザートタイムを満喫できます。

ドルチェ

サラミのお菓子まであるのがイタリアン！

甘いサラミ

「甘いサラミ」とはなんでしょう。これは、イタリア人の遊び心からつけられたもの。サラミ風のドルチェ、つまり、サラミに似たお菓子のことです。くだいたビスケットが、まるでサラミの脂身みたいに見えるところからきたようです。オーブンなしでごく簡単に作れるこのお菓子。ユニークな名称のわりにお味はけっこう本格派。来客用のお茶うけに出してもよろこばれることでしょう。

材料5〜6人分

- シンプルなビスケット……300g
- 砂糖……100g
- バター……100g
- 卵……2個
- ココア……50g
- マルサーラ酒（あるいは、好みのリキュール）……150ml
- 松の実……ひとつかみ

作り方

① パイ生地を麵棒《めんぼう》で伸ばし、耐熱皿に敷く。直径28㎝ぐらいの皿が好ましい。

② ブラウンシュガーを①の上に均等にのせる。

③ バターを小さめに角切りにして、ブラウンシュガーの上におく。

④ ボールに卵を入れ、泡立て器で混ぜあわせる。

⑤ 卵がもっこりしたらビールを加え、サッと混ぜる。

⑥ ③の上にかけ、180度のオーブンで30分間焼きあげる。

ちょっと見は、プリンのような焦げめと共に完成のこのパイ。ドライフルーツやハーブ、その他のトッピングをすると大変おしゃれ。ホームパーティ用のデザートとしても活躍します。

アツアツのうちに食べてもおいしいドルチェながら、冷めてもまたけっこう。作りおきがきくのも便利なことこのうえなしです。ブラウンシュガーが理想的ながら、なければ白砂糖でもかまいません。ヘルシーな黒砂糖でもいいでしょう。

ドルチェ　味にうるさいグルメ族にも好評！

ビールのタルト（トルタ アッラ ビッラ）

コップ１杯分のビールが余ってしまうこと、よくありますよね。各種の肉の煮込み用として利用できることは、けっこう知られているでしょう。でも、ドルチェまで作れることはご存知ですか？　私はつい最近まで知りませんでした。ものは試し。残ったわけでもないビールにて作ってみました。ごくごく簡単にできるうえ、お味もなかなか。やや苦みのある大人のテーストに仕上がりました。ビールは飲めない私なのに、これなら大丈夫！　では、ビールのタルトのレシピに入りましょう。

材料６人分

- タルト用冷凍パイ生地……300g
- ブラウンシュガー……200g
- バター……20g
- 卵……中２個
- ビール……150ml

作り方

① 木ベラでバターをよくかき混ぜ、砂糖を加えて、さらに混ぜる。

② はちみつ、卵の黄味を加えてかき混ぜる。

③ 小麦粉、ベーキングパウダー、牛乳も入れて混ぜあわせる。

④ メレンゲ状にした卵の白身を 3 回にわけて入れる。

⑤ ケーキ型に流しこみ、180度のオーブンで約40分焼く。

ごくごくフツーのスポンジケーキながら、お味はなかなかウルサイ。はちみつが適度に口の中で広がり、どこか懐かしい風味も漂います。

牛乳を少し加え、よりまろやかなケーキに仕上げるのもイタリアンドルチェの特徴。多くの家庭で、さまざまなお菓子作りのときに用いられる隠し味となっています。

バターの量を少なめにして、オリーブオイルを代用するマンマがいるのもイタリアならでは。「ヘルシーで軽めなドルチェになる」とのことです。いろいろ試してみるといいでしょう。

ドルチェ 甘〜いはちみつ入りの幸せなお味

はちみつケーキ

イタリアのはちみつが秀《すぐ》れものだということを知ったのは3〜4年前のこと。拙著の熱心な読者であるTさん（30代の男性）から教わりました。「妹から頼まれたのです。イタリアに行ったら、必ずはちみつを買ってきて、と。なんか、いろいろな種類、あるそうですね」。確かに！ どのスーパーにも、バラエティ豊かな品揃《しなぞろ》え。miele di betulla（白樺のはちみつ）なんていうのまであります。伊語では「ミエーレ」がはちみつです。

今回は、はちみつ入りのドルチェを紹介しましょう。たまには、こんな甘〜いスポンジケーキもいいものです。

材料5〜6人分

- バター……100g
- 砂糖……200g
- 卵……4個
- 小麦粉……300g
- ベーキングパウダー……15g
- はちみつ……100g
- 牛乳……大さじ1

作り方

① 全卵をハンドミキサーで攪拌する。

② 1～2分混ぜたら、砂糖を加え、さらに攪拌。ふんわりするまで続ける。

③ レモン汁、皮のすりおろしを加え、サッと混ぜる。

④ ふるいにかけた小麦粉を3回にわけて加え、さっくり混ぜあわせる。

⑤ 180度のオーブンで30分焼く。

どうです？　妙にイージーな作り方でしょ。レモンを1個分入れて、大人の味に仕上げるのも私風。ときには、りんご1個分をいちょう切りにして加えたりもします。

ドルチェ　丸ごと１個のレモンが決め手！

タカコ風スポンジケーキ

　ある読者のかたから、「スポンジケーキ、どうしても上手に焼きあがらない」との便りをいただきました。何回トライしても、「パーフェクトなふんわり感が出てこない」とのこと。「タカコさ〜ん、おいしいスポンジケーキのレシピ、教えて〜〜っ！」のリクエストが書かれていました。

　拙著『やっぱりイタリア』（集英社文庫）をお読みくださったかたは、すでにご存知のことでしょう。ここイタリアでは、レシピなどなくして作るのがスポンジケーキ。ほとんどの人が「その時のカン」とか、「小麦粉を混ぜた際のなめらかぐあい」などと言うのみ。重量？　「計ったことがないのでわからない」となってしまいます。

　あまりにフワフワすぎるスポンジケーキでは、たよりなげな気がすることもある私。よって、このところ、以下のようなレシピで作っています。つまり、タカコ流スポ・ケー、ですね。

材料

・卵（中サイズ）……………………………３個
・砂糖 ………………………………………100g
・小麦粉……………………………………100g
・レモン ……………………………………１個

作り方

① レモンの皮をむき、白い部分は除いて皮も実も細かくきざむ。

② すぐアルコールを加え、フタをして暗室に8日間。

③ 9日目になったら、シュガーシロップを作る。ぬるま湯に砂糖を入れ、よくかき混ぜる。

④ ②をふきんや、目の細かいザルで漉《こ》す。

⑤ シュガーシロップが冷めたら、④と混ぜあわせる。

　日数は要するものの、作り方じたいはシンプルです。でき上がったリキュールは、冷蔵庫に入れてのキープがベスト。おいしく飲めるのみだけでなく、より良い状態での保存となります。
　緑のレモンがなければ、イエローレモンを10個使ってください。市販の果汁で作る場合は、やはり10個分に相当する量にすること。おすすめはやはり、果皮をきざんでのハンドメイドです。

ドルチェ 南伊の食後酒を手作りしましょ！

リモンチェッロ

　イタリア暮らしがけっこう長い私なのに、なんともジャパニーズなままの慣習、味覚が残っています。たとえばコーヒー。いまだエスプレッソが苦手です。日本からやってきた友人、知人、親類たちのほうがずっとイタリア通。食事の後には、こう告げる人が多いのです。
「私、エスプレッソ。めちゃ濃いのが、食後の胃によくあうのよね」
　近ごろは、さらに「あ、リモンチェッロもいただこうかな」と言う人も少なくありません。イタリアの食後酒のひとつであるレモン・リキュールです。細～いグラスを冷たくして飲みます。このリキュールなしには、食事を終えた気がしない、というイタリア人もいるほどです。
　つい先日、それは爽《さわ》やかな口当たりのリモンチェッロをごちそうになりました。手作りだそうです。もちろん、尋ねましたよ、レシピ。以下のとおりです。

材料

・レモン（黄色）……………………………………8個
・レモン（緑色）……………………………………2個
・純粋アルコール ……………………………1000ml
・ぬるま湯 ……………………………………1000cc
・砂糖 ……………………………………………600g

作り方

① チョコレートを粗くくだき、厚鍋に入れる。

② 弱火にかけ、水を少しずつ加えながら木ベラで混ぜあわせる。

③ チョコレートがほぼ溶けたら、牛乳を少しずつ加えて、さらに混ぜあわせる。

④ ていねいに混ぜていき、すべての牛乳を入れる。沸騰したら火を消す。

⑤ あたためたカップに注ぎ、メレンゲ状に泡立てた生クリームを浮かべる。好みで砂糖を入れていただく。

ブラックチョコは、なるべく高品質のものにするのがおいしく仕上げるポイント。小さなお子さん用としては、ミルクチョコレートでもいいでしょう。

ココアの粉での代用でもかまいません。私は、ひとりぶんだと、大さじ１杯の粉で作ります。砂糖は小さじ２杯にして、熱湯少々で溶いてから、ホットミルクを少しずつ加えていきます。このときは、メレンゲ状の生クリーム抜きで飲むのが常。各自、いろいろ工夫して作ってみてください。

ドルチェ　午後からのホットドリンクに最高！

カップのチョコレート
（チョッコラート イン タッツア）

肌寒くなってくると、ホット系の飲みものが恋しいのはイタリアもまた同じです。とはいえ、ミルクいっぱいのカプチーノは、朝、及び午前中に限る、と決めこむ国民性。いくら寒くても、午後以降所望するオトナたちがいないのも愉快です。

では、どのようなホットドリンクが好まれるのか？「カップのチョコレート」、つまり、ホットチョコレートも人気の一杯と言えるでしょう。分量、その他、いろいろなレシピあり。ここでは、伝統の一例を紹介いたしましょう。

材料４人分

・ブラックチョコレート……250g
・牛乳……1000ml
・泡立てた生クリーム……大さじ２
・水……大さじ２
・砂糖……適宜

作り方

① ナッツをごくごく粗くきざむ。

② その後、180度のオーブンに入れ、軽く焦げめをつける。オーブンがなければ、フライパンを使用する。

③ チョコレートを湯せんする。

④ ナッツを③に入れ、混ぜあわせる。

⑤ ミニペーパーカップに④を大さじ１杯ずつ入れる。固まったらできあがり。

大人向きテーストとしては、高級ブラックチョコがベスト。でも、ミルクチョコ、ホワイトチョコだって大いにマッチします。３種のチョコでカラフルに仕上げる、というのもいいでしょう。黒、茶、白のカリカリのミニチョコというのが楽しそう。

ナッツの量を少しひかえめにして、ドライレーズンを入れて作ってもいいでしょう。その際、レーズンはレシピ④の段階で加えてください。レーズン以外のドライフルーツで試してみるのも一興。いろいろな工夫が楽しめるドルチェです。

ドルチェ　見かけよりもおいしさで勝負！

ミニかりかりチョコ
（クロッカンティーニ アル チョッコラート）

クリスマス前後から、2月のカーニヴァルすぎの寒い季節には、ドライフルーツと共にナッツ類が欠かせないイタリアです。どこの家庭でも、クルミやアーモンドをはじめとするナッツが常時用意されています。食事後のひととき、必ずテーブルに登場。食後酒といっしょにつまんだりするのです。これがまあ、なんとも楽しい！　厳寒を忘れるワクワクさと言えるでしょう。

ここでは、ナッツを使った味わい深いチョコ菓子をとりあげてみます。見かけはさほどよくなくても、とびっきりにおいしいドルチェ！　ヴァレンタインデーの贈りものとしても個性が光るチョコとなりますよ。

材料4人分

・好みのチョコレート……………………………………150g
・好みのナッツ2種………………………………………計100g

おもてなし&
ホームパーティメニューの
組み合わせアイディア

〈ちょっと改まった来客メニュー〉

親しくなると、お互いの家庭に招きあうことが多いイタリア人です。近代的、合理的な今の時代だからこそ、最大の歓迎が、自宅でのランチやディナーへの招待とされています。何回も招きあっている友人どうしならともかく、初めての公式招待では、やはり少々改まったメニューが必要です。

さりとて、何時間もの手間をかけてのレシピを用意するには及びません。簡単、シンプルな調理だって、見るからにご馳走っぽい豪華ムードのメニューにすればいいのです。ただし、前菜、第一の皿、第二の皿、コントルノ、デザートというコースにしたいのが正式の来客メニュー。飲み物としては、食前酒、ワイン、食後酒の用意をいたします。

では、一例をあげてみましょう。

前菜　エビのビネガーあえ（45ページ）
第一の皿　基本のトマトソースパスタ
第二の皿　猟師ふう鶏料理（179ページ）
コントルノ　季節の生野菜サラダ
ドルチェ　マチェドニア（205ページ）

といったぐあい。食事がスタートする前に、パルミジャーノの粗砕き、季節のピクルス（35ページ）、シチリア風オリーブの実（37ページ）、ブルスケッタなどを小テーブルに用意。食前酒と共につまめるようにする演出も華やぎます。

　来客用のマチェドニアにも、ちょっとした工夫をこらしたいものです。客の好みに応じ、アルコール類、ホイップクリーム、ジェラートなどをプラスできるようにするとゴージャス。イタリアでは、甘口の発泡性ワイン、モスカーティ ダスティや、甘口リキュールのアマレット、そしてサンブーカ、その他の食後酒と共に楽しみます。

　そして、欠かせないのがエスプレッソ。フルコースで満腹となった胃を、みごとにスッキリと整えてくれます。ワインの絞りカスで作られた濃度ある蒸留酒グラッパも添えれば申し分なし。エスプレッソに少々加えるようにすすめるのが、招待メニューの終幕にふさわしいと言えます。

〈気軽なホームパーティメニュー〉

　日本の七五三や成人式にあたるイベントがイタリアにもあります。家族、及び親族などでお祝いの食卓を囲むのがふつう。ごく親しい友人も招いての気軽なホームパーティとなったりします。

そのようなイベントがなくても、週末、あるいは休暇どきのラフな食事会を楽しむのがイタリア人。日常の家庭料理にほんの少し工夫をこらしたメニューの数々でのおもてなしパーティとなります。

ホームパーティの良さは、気取らないテーブルセッティングのもと、みんなで会話を交わしてエンジョイすること。それでいて、どこかにパーティらしいムードも漂わせるのがポイントとなります。

次のメニューの組みあわせなどいかがでしょう。

前菜　生野菜のスティック（15ページ）
第一の皿　ボンゴレ　ロッソ（71ページ）
第二の皿　つなぎなしのハンバーグ（165ページ）
コントルノ　温野菜サラダ（19ページ）
ドルチェ　簡単ティラミス

ほとんどのメニューが、作り置き可能のレシピばかりです。これなら、ホームパーティ最中の調理作業がごくわずか。すべての料理を大皿に盛り、各自が自由に取り分けるセッティングにしてもいいでしょう。

ドルチェのティラミスは、拙処女作『やっぱりイタリア』（集英社文庫）で紹介して以来、今でも好評を得ているメニュー。ご存知ないかたのために、ここでもレシピを紹介しておきます。

材料（約十人分）
フィンガービスケット　二〇〇グラム
卵　大二個
マスカルポーネ（なければクリームチーズでの代用も可）　二五〇グラム
エスプレッソ（あるいはごく濃いめのコーヒー）　三杯分
砂糖　大さじ二杯
ラム酒、または好みのリキュールかウィスキー　小さじ一
ココア　少々

作り方
① ボールに卵白を入れ、やや固めに泡立てる。
② 黄身、砂糖を加え、さらに泡立てる。
③ マスカルポーネも加え、軽く混ぜあわせる。
④ ラム酒を加える。

⑤ フィンガービスケットを一本ずつコーヒーに浸し、容器に並べていく。
⑥ 一段並べ終えたら、泡立てたクリーム④をスプーンでかける。
⑦ 再びコーヒーに浸したビスケットを、もう一段分並べ、同様にクリームをかける。ビスケットがなくなるまで、この作業を繰り返す。
⑧ 容器にアルミホイルを被《かぶ》せ、冷蔵庫に入れて三時間以上置く。
⑨ 食べる直前、茶こし等でココアを均一に振りかける。

これで、世にも稀《まれ》なほど美味なるティラミスのできあがり！ ホームパーティが盛り上がること請け合いです。なお、お子さん用なら、アルコール類は避けた方が無難でしょう。おかまいなしに出されたものを、平気で食べてしまうのはイタリアのバンビーニ（子どもたち）だけかもしれませんから。

〈休日のブランチふうパーティに〉

朝寝坊のきく休日には、朝食はパス。コーヒーだけですましておき、ブランチパーティとシャレてみるのも楽しいでしょう。ブランチのメニューなら、コースにこだわることもなし。むしろ、各料理をいっぺんにテーブルに並べたほうがワクワクします。

パニーニ（195ページ）とお米のアランチーニ（191ページ）、そして、卵のサラダ（23ページ）といった組み合わせもご機嫌です。パニーニは、パンとハム類を別皿に用意。各自で具をはさんでいただく、というのもいいですね。バターを塗らないで食べるのがパニーニだからこその実現です。

お米のアランチーニは、冷めてからのほうがおいしい、ともされるスナック的な一品。前夜に作っておいてはどうでしょう。当日の調理作業がなくなります。

イタリア版オムレツも、ブランチにふさわしいメニューです。フレンチオムレツと異なり、しっかり焼き上げるため、大皿に盛るのがダイナミック。ケーキのように、切り分けていただくのが、ちょっとしたパーティ気分をかもし出します。

ジュガイモのオムレツ（117ページ）は、ほんの一例。ズッキーニやピーマン、ナス、などなど、各種の野菜で作れます。大人向きには、バジルやイタリアンパセリなどをたっぷり入れてのオムレツとしてもよさそう。地中海風味のグルメな一品となるでしょう。

コース仕立てにしないブランチでも、ドルチェは欠かせません。日曜日のコーヒー入りクリーム（227ページ）や、プルーンのクリーム（217ページ）、マスカルポーネのカップ（223ページ）といった、ごくごくスピーディに作れるドルチェをどうぞ！　クリーミーなお味が、休日のリフレッシュムードにさらなるプラス。幸せな気分にしてくれることでしょう。

〈クリスマスのパーティメニュー〉

フェスタ（お祭り）好きのイタリア人がいちばん燃えるのは、パスクア（復活祭）とナターレ（クリスマス）の時期です。何か月も前から、伝統のお菓子が店々に並んだり、当日のメニューに向けての食材の市販も繰り広げられます。

キリストの復活を記念するパスクアに欠かせないのが卵。彩色した茹《ゆ》で卵を教会へ持参して、祈禱《きとう》するのが伝統の行事となっています。それを持ち帰り、昼食時に家族そろっていただく。今も続いている慣習です。

卵型をしたチョコレートのウォーバ・チョコラータや、鳩《はと》をかたどったケーキ、コロンバ・パスクアーレも必ず登場なのがイタリアの復活祭。食事メニューは日常とさして変わらなくても、このふたつのドルチェは欠かせないものとなっています。

ナターレともなると、また別。今でも、盛大なるクリスマスパーティとしてのメニューで祝う家庭がほとんどです。

この国のナターレ定番食品をあげてみましょう。

まずは、スプマンテとパネットーネ。前者は、発泡性のワインです。後者は、ドライフルーツ入りの大型ケーキ（「パネットーネ」とは、「パネ（パンの他に、ケーキの意味もあり）」の最大級。つまり、大きなケーキ）。

ミラノのクリスマス用ケーキだったのが、何年も前から、イタリア全土のナターレ菓子となりました。

クレモナ県特産のナッツ入りヌガー、トッローネもナターレにつきもののドルチェです。パネットーネといっしょに用意され、食後酒とともに満喫します。

メインディッシュは、七面鳥や鶏のメニューとする家庭が多いですね。特に、カッポーネという去勢雄鶏のローストが定番に近く、オーブン焼きのポテトなどを添えて出されます。

日本でのクリスマスメニューとしてもふさわしいイタリアのレシピを考えてみました。

前菜　ハムのネギ巻き（39ページ）
第一の皿　サーモンのパスタ（79ページ）
第二の皿　鶏肉とジャガイモのロースト
コントルノ　オレンジのサラダ（29ページ）
ドルチェ　りんごのケーキ

鶏肉とジャガイモのローストは、日本の家庭でも簡単に作れるレシピです。なにも、丸焼きチキンにする必要はありません。骨付きのぶつ切り鶏肉で充分！　ジャガイモの角切りと共に、オーブンに入れて焼き上げます。

ジャガイモと塩、コショーした鶏肉にオリーブオイルをかけ、やや強めの火力で30分間調理するだけ。ほど良い焦げめも香ばしいチキンとポテトの完成です。

パネットーネがわりには、りんごのケーキなどいかがでしょう。タカコ風スポンジケーキ（235ページ）のアレンジです。りんごのイチョウ切りを加えるのみ、というお気軽レシピ。バターの入らないケーキゆえ、ご馳走続きの食事後でも、胃にやさしいドルチェとなります。

あとがき

コンピュータもできない私が、ホームページを公開し始めて、もう何年になるでしょう。手書きの原稿を発信人にファクシミリ送信。それを入力してもらい、オフィシャルにアップ、というわけです。

いくつか設置のコーナーのなかでも好評なのが、「タカコのレシピ」。イタリア生活で知った、簡単、シンプルな家庭料理の数々を中心に紹介しています。

こんな読者レターも届く昨今です。

――タカコさんのレシピコーナーの大ファンです。料理本で目にするイタリア料理は、なかなか作る気になれないけど、「タカコのレシピ」は別。ホームページで見たとたん、「わ、ウソみたいに簡単！　すぐ作ってみよう」となります。

――レシピコーナーの更新がなによりも楽しみです。タカコさんって、太っ腹。どんどん、シンプルなレシピを配信してくれるんですもの。毎日の献立として大いに役立っています。

コーナー開始の前半で評判を呼んだのが、「レモンの香りのリゾット」です。熱心な読者のおひとり憲子さんは、こんなお便りを寄せてくれました。

——レモンリゾット、おいしかったですよ。爽《さわ》やかで清々《すがすが》しくて……。柚子《ゆず》で作ってみたら、こちらもなかなか。素晴らしい香りで、病みつきになっています。友人は、ポン酢でトライしたそうです。これまた、なかなかのお味だった、と言っています。タカコレシピ、恐るべし、です。

そして、一年ほど前には、シンガポール在住の雅子さんから、こんなメールが届きました。

——塩昆布スパゲティ、「ヒンシュク覚悟」で紹介していただいて、本当によかった！ このレシピを知ってから十日。塩昆布スパを食すこと数回。明日あたり、塩昆布の一袋を使い切ってしまいそうです。忙しい毎日なので、手軽に食事をすませたい。でも、美味《おい》しいものが食べたいけど、太るのは嫌。そういう身勝手な願いを満たしてくれるレシピの数々、本当に重宝しています。

実は、塩昆布スパこそ、この文庫本が世に出るきっかけとなったレシピ、と言えるかもしれません。

本書をご担当くださった原知子さんは、お若くして出版社のエグゼグティヴの地位にあるかた。責任ある役職ゆえ、そのお忙しさも並のものではありません。

そんなキャリアレディの原さんも、「おお！」と驚かれたのが塩昆布スパ。「思わず、美味しそう、作ってみよう」となったそうです。この一品がなければ、こんなに早く、私のレシピが一冊にまとめられなかったかもしれません。

ホームページをご覧のかたがたから、「レシピをまとめて出版してください」のリクエストが続いていました。原さんの即決により、すみやかに進行が叶《かな》った本書です。心より感謝しています。

塩昆布スパのみが、「簡単」「美味しい」レシピではなし。どれもこれも、「ヒンシュク覚悟」のイージーな調理で作れる料理ばかりです。みなさんの工夫も加えつつ、各種のイタリア料理作りを楽しんでいただければ本望。幸せなひとときが訪れることと信じます。

著者

＊本書は、著者のオフィシャルホームページ上に、「タカコのレシピ」として連載されたものに、加筆・訂正したものです。

Gourmet
Bunko
グルメ文庫
G
は
1-2

お気《き》楽《らく》! イタリアンレシピ100

著者
タカコ・半《はん》沢《ざわ》・メロジー

2005年4月18日第一刷発行

発行者
大杉明彦

発行所
株式会社 角川春樹事務所
〒101-0051東京都千代田区神田神保町3-27二葉第1ビル

電話
03(3263)5247[編集]
03(3263)5881[営業]

印刷・製本
中央精版印刷株式会社

フォーマット・デザイン
芦澤泰偉十野津明子

ISBN4-7584-3164-7 C0195

http://www.kadokawaharuki.co.jp/[営業]
fanmail@kadokawaharuki.co.jp[編集] ご意見・ご感想をお寄せください。